기독교문서선교회 (Christian Literature Center: 약칭 CLC)는 1941년 영국 콜체스터에서 켄 아담스에 의해 시작되었으며 국제 본부는 미국 필라델피아에 있습니다.
국제 CLC는 59개 나라에서 180개의 본부를 두고, 약 650여 명의 선교사들이 이동도서차량 40대를 이용하여 문서 보급에 힘쓰고 있으며 이메일 주문을 통해 130여 국으로 책을 공급하고 있습니다. 한국 CLC는 청교도적 복음주의 신학과 신앙서적을 출판하는 문서선교기관으로서, 한 영혼이라도 구원되길 소망하면서 주님이 오시는 그날까지 최선을 다할 것입니다.

우리의 좋은 목자
Our Good Shepherd

**우리 아이들을 위한
시편 23편 이야기**
A Psalm 23 Tale for Our Children

Our Good Shepherd: A Psalm 23 Tale for Our Children
Inspired by the Original Story by Jin Hee Lee
Created by Sohee Yoo
Edited by Mihyun Chu
Design by Bo Rae Lee & Minjung Seo
All rights reserved.
No part of this book may be reproduced or used in any form
without written permission from the publisher.
English & Korean Edition Copyright © 2025 by Christian Literature Center, Seoul, Korea.

우리의 좋은 목자 : 우리 아이들을 위한 시편 23편 이야기

2025년 4월 20일 초판 발행

원　　작 | 이진희
　글　　 | 유소희

편　　집 | 추미현
디 자 인 | 이보래, 서민정
펴 낸 곳 | (사)기독교문서선교회
등　　록 | 제16-25호(1980.1.18.)
주　　소 | 서울 동대문구 천호대로71길 39
전　　화 | 02-586-8761~3(본사) 031-942-8761(영업부)
팩　　스 | 02-523-0131(본사) 031-942-8763(영업부)
이 메 일 | clckor@gmail.com
홈페이지 | www.clcbook.com
송금계좌 | 기업은행 073-000308-04-020 (사)기독교문서선교회
일련번호 | 2025-29

ISBN 978-89-341-2800-7 (77230)

이 책의 출판권은 (사)기독교문서선교회가 소유합니다.
신저작권법에 의하여 한국 내에서 보호를 받는 저작물이므로 무단 전재와 무단 복제를 금합니다.

우리의 좋은 목자
Our Good Shepherd

우리 아이들을 위한
시편 23편 이야기
A Psalm 23 Tale for Our Children

원작 이진희
Inspired by the Original Story
by Jin Hee Lee

글 유소희
Children's Version Created by
Sohee Yoo

"나의 사랑 나의 기쁨인
태준(Caleb) 채은(Madison) 이준(Nathan)
시온(Nolan) 다인(Mila)이가
한글로도 이 책을 읽을 수 있게 되기를 바라며"
– 이진희 –

사랑하는 남편과 태미, 태라에게
우리 가족 모두가 인생의 여정에서 좋은 목자 되신
하나님의 사랑과 보호를
항상 느낄 수 있도록 기도합니다.
– 소희 –

To my beloved and my joy,
Caleb(Taejun), Madison(Chaeun), Nathan(Ijun),
Nolan(Sion), and Mila(Dain),
I hope you will be able to read this book in Korean as well …
— Jin Hee Lee —

To My dear Sung, Tammie, and Tera
I pray that you always feel the love and protection of
our Good Shepherd,
guiding you through every step of our journey.
— Sohee —

차례

이 책을 내면서   14

제1부 여호와는 나의 목자시니   16

1번째 이야기: 선한 목자와 양   18
2번째 이야기: 우리의 선한 목자, 예수님   20
3번째 이야기: 베들레헴의 아기 예수님   22
4번째 이야기: 우리 목자 예수님과 함께   24
5번째 이야기: 예수님과 소중한 양들   26
6번째 이야기: 광야의 목자와 양들   28
7번째 이야기: 목자의 하루   30
8번째 이야기: 양과 목자, 함께하는 삶   32
9번째 이야기: 양들의 진짜 친구   34

제2부 내게 부족함이 없으리로다   36

10번째 이야기: 선한 목자 예수님, 우리를 돌봐 주시는 사랑   38
11번째 이야기: 하나님과 함께라면 충분해요   40
12번째 이야기: 언제나 우리를 지켜 주시는 하나님   42

제3부 그가 나를 푸른 풀밭에 누이시며 쉴 만한 물가로 인도하시는도다 44

13번째 이야기: 목자와 양들이 함께하는 시간   46
14번째 이야기: 하늘의 양식   48
15번째 이야기: 되새김 묵상   50
16번째 이야기: 광야의 작은 친구, 이슬   52
17번째 이야기: 예수님의 품 안에서   54
18번째 이야기: 목자와 물을 찾는 여행   56
19번째 이야기: 목자와 비밀의 물   58
20번째 이야기: 양들은 이렇게 잠들어요   60
21번째 이야기 예수님과 함께하는 오아시스 여행   62

제4부 내 영혼을 소생시키시고   64

22번째 이야기: 함께라서 더 든든한 양들   66
23번째 이야기: 하나님이 찾으시는 우리   68
24번째 이야기: 따라가야 할 좋은 길   70
25번째 이야기: 리더 양과 목자의 종소리   72
26번째 이야기: 잃어버린 양을 찾아요   74
27번째 이야기: 예수님의 품에 안긴 양   76

제5부 의의 길로 인도하시는도다   78

28번째 이야기: 하나님이 인도하시는 의의 길   80
29번째 이야기: 예수님과 함께 가는 안전한 길   82

제6부 사망의 음침한 골짜기로 다닐지라도, 해를 두려워하지 않을 것은 주께서 나와 함께하심이라   84

30번째 이야기: 무서운 골짜기를 지나 더 좋은 곳으로   86
31번째 이야기: 다윗의 지팡이와 안전한 길   88
32번째 이야기: 밤을 지키는 목자와 하나님의 사랑   90

제7부 주의 지팡이와 막대기가 나를 안위하시나이다   92

33번째 이야기: 모세의 지팡이와 하나님의 도움   94
34번째 이야기: 목자의 막대기와 예수님의 사랑   96
35번째 이야기: 다윗의 물매 돌과 골리앗의 대결   98

제8부 주께서 내 원수의 목전에서 내게 상을 차려 주시고   100

36번째 이야기: 양들을 지키는 용감한 목자   102
37번째 이야기: 아브라함의 소중한 손님들   104
38번째 이야기: 밤을 지키는 목자와 하나님   106
39번째 이야기: 우리의 용감한 보호자, 예수님   108
40번째 이야기: 하나님이 차려 준 특별한 잔치   110

제9부 기름을 내 머리에 부으셨으니   112

41번째 이야기: 상처를 보살피는 따뜻한 목자   114
42번째 이야기: 양들의 싸움과 목자의 지혜   116
43번째 이야기: 성령의 기름과 우리 마음   118
44번째 이야기: 양들을 지킨 올리브기름   120

제10부 내 잔이 넘치나이다 　　　　　　　　　　　　　　122

45번째 이야기: 하나님이 주신 넘치는 은혜　　　　　　　124

제11부 선하심과 인자하심이 반드시 나를 따르니　　126

46번째 이야기: 우리 곁에 항상 계신 하나님　　　　　　128
47번째 이야기: 양들과 함께하는 사계절　　　　　　　　130

제12부 내가 여호와의 집에 영원히 살리로다　　　　132

48번째 이야기: 하나님의 약속과 장막　　　　　　　　　134
49번째 이야기: 우리의 따뜻한 집　　　　　　　　　　　136
50번째 이야기: 하나님이 준비하신 우리의 집　　　　　138
51번째 이야기: 문이 된 목자와 사랑의 예수님　　　　　140
52번째 이야기: 양들과 염소의 배려와 사랑　　　　　　142

만든 이들에 대해　　　　　　　　　　　　　　　　144

CONTENTS

Preface by the Adapted Writer — 15

Chapter 1 The Lord is My Shepherd — 17

1st Story: The Good Shepherd and His Sheep — 19
2nd Story: Jesus, Our Good Shepherd — 21
3rd Story: Baby Jesus in Bethlehem — 23
4th Story: Walking with Our Shepherd, Jesus — 25
5th Story: Jesus and His Precious Sheep — 27
6th Story: The Shepherd and the Sheep in the Wilderness — 29
7th Story: A Day of the Shepherd — 31
8th Story: The Sheep and Their Shepherd, Together — 33
9th Story: The True Friend of the Sheep — 35

Chapter 2 Not want — 37

10th Story: Jesus, the Loving Shepherd — 39
11th Story: With God, We Have Enough — 41
12th Story: God Always Protects Us — 43

Chapter 3 Green Pastures and Still Waters — 45

13th Story: A Shepherd's Time with His Sheep — 47
14th Story: Heavenly Food — 49
15th Story: Quiet Time with God — 51
16th Story: A Little Friend in the Wilderness — 53
17th Story: In the Arms of Jesus — 55
18th Story: A Journey with the Shepherd — 57
19th Story: The Shepherd's Secret Water — 59
20th Story: How the Sheep Fall Asleep — 61
21st Story: An Oasis Journey with Jesus — 63

Chapter 4 Restoring My Soul — 65

22nd Story: Stronger Together — 67
23rd Story: We Are Sought by God — 69
24th Story: The Good Path — 71
25th Story: The Leader Sheep & the Shepherd's Bell — 73
26th Story: Finding the Lost Sheep — 75
27th Story: The Sheep in the Arms of Jesus — 77

Chapter 5 The Path of Righteousness — 79

28th Story: God's Righteousness Path — 81
29th Story: The Safe Path with Jesus — 83

Chapter 6 The Valley of the Shadow of Death   85

30th Story: Through the Scary Valley   87
31st Story: David's Staff and the Safe Path   89
32nd Story: The Night Watch with God   91

Chapter 7 Rod and Staff   93

33rd Story: Moses' Staff and God's Help   95
34th Story: The Shepherd's Rod and Jesus' Love   97
35th Story: David's Sling and the Giant   99

Chapter 8 Preparing the Table   101

36th Story: The Brave Shepherd   103
37th Story: Abraham's Precious Guests   105
38th Story: The Night Guard and God's Love   107
39th Story: Jesus is Our Brave Protector   109
40th Story: A Special Feast   111

Chapter 9 Pouring the Oil   113

41st Story: The Warm Shepherd   115
42nd Story: The Sheep's Fight   117
43rd Story: The Holy Spirit's Oil   119
44th Story: The Olive Oil of Protection   121

Chapter 10 Overflowing Cup   123

45th Story: The Overflowing Grace   125

Chapter 11 Goodness and Love   127

46th Story: God Is Always With Us   129
47th Story: The Four Seasons with the Sheep   131

Chapter 12 Dwelling in the House of the Lord   133

48th Story: God's Promise and the Tent   135
49th Story: Our Warm Home   137
50th Story: The Home God Prepares   139
51st Story: Jesus, the Door   141
52nd Story: Caring for Each Other   143

About the Creators   144

이 책을 내면서

어린이 여러분, 안녕하세요!

여러분과 함께 나누게 될 『우리의 좋은 목자: 우리 아이들을 위한 시편 23편 이야기』는 성경에서 사랑받는 말씀 중 하나인 시편 23편을 중심으로 한 이진희 목사님의 『유대인의 목축 문화를 통해 본 시편 23편』을 우리 어린이가 이해하기 쉽게 재해석해서 만든 책이에요.

유대인은 오랜 세월 동안 양을 기르며 살아왔고, 양을 돌보는 목자의 삶은 그들에게 매우 친숙한 일상이었어요. 목자는 언제나 양들의 필요를 채워 주고, 위험으로부터 보호해 주며, 안전한 곳으로 인도해 주는 역할을 했답니다. 바로 이런 목자의 모습을 통해 다윗은 하나님이 우리를 어떻게 돌보시고 지켜 주시는지를 표현하고 있어요.

이 책은 여러분이 시편 23편의 말씀을 더 잘 이해할 수 있도록, 유대인의 목축 문화를 바탕으로 이야기를 풀어냈어요. 양을 돌보는 목자의 삶과 유대인의 생활을 살펴보며, 하나님께서 여러분을 얼마나 사랑하시고 세심하게 돌보시는지를 알 수 있을 거예요.

책을 읽으며 여러분도 하나님께서 언제나 여러분과 함께하시고, 안전한 길로 인도하신다는 것을 기억해 보세요. 하나님은 좋은 목자처럼 우리를 사랑으로 돌보시며, 우리가 두려워하지 않도록 늘 곁에서 지켜 주신답니다.

이 책을 통해 하나님의 따뜻한 사랑과 보호하심을 마음속 깊이 느끼며, 많은 어린이가 하나님의 말씀인 성경을 가까이하는 복을 누리게 되길 소망하며 기도합니다.

감사와 사랑을 담아,
유소희 드림

PREFACE BY THE ADAPTED WRITER

Hello, dear children!

I am so excited to share this book with you, *"Our Good Shepherd: A Psalm 23 Tale for Our Children."*

This book is based on one of the most beloved passages in the Bible, Psalm 23, and it's been specially adapted from Pastor Jin Hee Lee's book, *"A Shepherd in the Bible Land Looks at Psalm 23"* to help you like young readers to understand it better.

For many years, the Jewish people lived by raising sheep, so being a shepherd was a big part of their lives! A shepherd's job was to take care of the sheep, keep them safe from danger, and lead them to safe places. This is exactly how King David described God's care for us in Psalm 23. He showed us how God watches over us and keeps us safe, just like a shepherd!

In this book, you'll get to learn more about Psalm 23 by discovering how the Jewish people took care of their sheep. As you learn about shepherds and how they looked after their sheep, you'll see just how much God loves you and takes care of you, too.

As you read, remember that God is always with you, guiding you along safe paths, just like a good shepherd! He loves you very much and will always be by your side to protect you, so you don't need to be afraid!

I hope this book helps you feel how warm and comforting God's love and protection are, and that it inspires you to stay close to God's Word, the Bible.

With love and prayers,
Sincerely,

Sohee Yoo

제1부

여호와는 나의 목자시니

CHAPTER 1

THE LORD IS MY SHEPHERD

1번째 이야기: 선한 목자와 양

[시편 23:1]
여호와는 나의 목자시니

"여러분은 혹시 양을 본 적이 있나요?"

염소는 가끔 보았어도, 실제로 양을 본 사람은 많지 않을 거예요.

"그럼, 혹시 목자를 본 적은 있나요?"

목자가 양을 돌보는 그림은 자주 보았지만, 실제로 목자를 본 사람은 드물 거예요. 우리가 양과 목자에 대해 아는 것은 성경에서 나온 이야기 덕분이랍니다.

성경에는 많은 사람이 목자였어요. 아브라함, 이삭, 야곱도 모두 양을 돌보는 목자였답니다. 예수님도 양을 돌보는 일을 알고계셨어요. 예수님은 "나는 선한 목자다"라고 말씀하시며, 양과 목자 이야기를 자주 하셨어요. 사람들은 목자와 양의 관계를 잘 알고 있었기 때문이에요.

성경에 다윗이 "여호와는 나의 목자시니"라고 고백한 말씀이 있어요. 이 말씀은 하나님이 나를 양처럼 돌봐 주신다는 뜻이에요. 다윗도 목자였기에, 양이 목자에게 얼마나 의지하는지, 목자가 양을 어떻게 돌보는지 잘 알고 있었어요.

양은 특별한 동물이에요. 스스로 먹이를 찾지 못하고, 잘못 누우면 일어나지도 못하며, 길을 잃기 쉬워요. 그래서 목자가 꼭 필요한 동물이에요. 목자가 먹을 것을 주고, 길을 안내하며, 위험에서 지켜 주지 않으면 양은 살 수 없어요.

성경에서는 우리도 양과 같다고 비유해요. 우리가 하나님 없이 살 수 없는 것처럼, 양도 목자 없이 살 수 없답니다. 하나님이 우리를 돌봐 주시고, 지켜 주시며, 인도해 주셔야 우리는 안전하게 살 수 있어요.

성경은 이처럼 양과 목자의 이야기를 통해 우리가 하나님을 의지하고, 하나님께서 우리를 돌봐 주신다는 것을 가르쳐 주고 있답니다.

1st Story: The Good Shepherd and His Sheep

[Psalm 23:1]
The Lord is my shepherd

Have you ever seen a sheep? You might have seen a goat, but not many people have seen a sheep in real life. Have you ever seen a shepherd? We often see pictures of shepherds taking care of their sheep, but it's rare to see a real shepherd. We know about sheep and shepherds mostly because of the stories in the Bible.

Many people in the Bible were shepherds. Abraham, Isaac, and Jacob were all shepherds who took care of sheep. Jesus also knew a lot about caring for sheep. He even said, "I am the Good Shepherd" because He loves and cares for us, just like a shepherd cares for his sheep. People in Bible times understood this very well because they often saw shepherds with their sheep.

In the Bible, David said, "The Lord is my shepherd." This means that God takes care of us just like a shepherd takes care of sheep. David knew how much sheep depend on their shepherd because he was a shepherd himself.

Sheep are special animals. They can't find food on their own, and if they fall down, they might not be able to get up again. They can also get lost very easily. That's why sheep need a shepherd to take care of them, feed them, show them where to go and protect them from danger.

The Bible says we are like sheep. Just like sheep need a shepherd, we need God to take care of us. Without God, we would be lost. God watches over us, protects us, and guides us so that we can live safely.

Through the story of the sheep and the shepherd, the Bible teaches us to trust in God, because He always takes care of us like a good shepherd.

2번째 이야기: 우리의 선한 목자, 예수님

[요한복음 10:11]
나는 선한 목자라

옛날에 많은 나라에서는 왕이나 신을 "목자"라고 불렀어요. 왜냐하면, 목자가 양들을 잘 돌보듯이, 왕이나 신도 사람들을 잘 돌봐야 했기 때문이에요. 예를 들어, 바빌론의 함무라비 왕과 아시리아의 왕들도 자신들을 목자라고 불렀어요. 이집트의 왕들도 자신을 목자라고 했답니다. 그래서 그들은 목자가 지팡이를 들고 있는 모습으로 그려지곤 했어요.

우리나라 조선 시대에도 '목사'라는 직업이 있었어요. 그들은 백성을 돕는 일을 했어요. 정약용의 『목민심서』는 백성을 잘 돌보는 방법을 알려 주는 책이었어요. 그 책에서는 목사가 백성들을 사랑과 배려로 돌보는 일을 설명했어요.

성경에서도 하나님과 왕을 목자라고 불렀어요. 하나님은 모세와 다윗처럼 좋은 목자들을 뽑아서 이스라엘 사람들을 잘 돌보도록 하셨어요. 모세와 다윗은 왕이 되기 전에 양을 돌보던 목자였어요. 하나님은 좋은 목자가 좋은 지도자가 될 수 있다고 생각하셨어요.

하지만, 이스라엘의 목자 중에는 양을 잘 돌보지 않은 사람들이 있었어요. 그들은 양들을 굶기고, 아프게 하고, 지켜 주지 않아서 많은 양을 죽게 내버려두었어요. 그래서 하나님은 그들이 나쁘다고 하셨어요. 하나님은 직접 양들을 돌보시겠다고 하시며, 흩어진 양들을 다시 모으고, 아픈 양들을 고쳐주며, 푸른 풀밭으로 인도해 주시겠다고 하셨어요.

성경에서는 이렇게 좋은 목자를 "선한 목자"라고 불렀어요. 그리고 나중에 예수님이 태어나셔서 자신을 "선한 목자"라고 부르셨답니다. 예수님은 잃어버린 양을 찾아오고, 양들을 위해 자신의 목숨까지 내어주셨어요. 세상에서 오직 예수님만이 이렇게 특별한 "선한 목자"예요.

예수님은 우리를 사랑하고, 돌봐 주시고, 지켜 주시는 가장 완벽한 목자랍니다.

2nd Story: Jesus, Our Good Shepherd

[John 10:11]
I am the good shepherd

A long time ago, in many different places, people called their kings or gods "shepherds." Do you know why? Just like a shepherd takes care of his sheep, kings and gods were supposed to take care of their people and keep them safe. For example, there was a famous king named Hammurabi in Babylon who called himself a shepherd. The kings of Egypt did the same thing, and they were often shown holding a shepherd's staff, just like a real shepherd.

In the Bible, God is also called a Shepherd, and some of the kings are called shepherds too. God chose special people like Moses and David to take care of the people of Israel, just like a shepherd takes care of his sheep. Before Moses and David became leaders, they were shepherds who spent their days looking after sheep. God knew that if they could be good shepherds, they could also be good leaders for His people.

But not every shepherd in Israel was good. Some shepherds didn't take care of the sheep properly. They didn't give the sheep enough food, didn't protect them, and didn't care when the sheep were hurt. Because of this, many sheep became weak or even died. God was not happy with these bad shepherds. He promised that He would take care of the sheep Himself. God said He would gather all the lost sheep, heal the sick ones, and lead them to green, safe pastures.

The Bible tells us about a very special shepherd called "the Good Shepherd." When Jesus came, He said, "I am the Good Shepherd." Jesus loves His sheep that is us so much that, He finds the ones who are lost and even gave His life to save us. Jesus is the perfect "Good Shepherd" who loves us, cares for us, and keeps us safe, just like a shepherd takes care of his sheep.

So, the next time you hear about a shepherd in the Bible, remember how Jesus is our Good Shepherd. He is always watching over us with love and care.

3번째 이야기: 베들레헴의 아기 예수님

[누가복음 2:20]
목자들은 자기들에게 이르던 바와 같이
듣고 본 그 모든 것으로 인하여 하나님께 영광을 돌리고 찬송하며

옛날에 베들레헴이라는 곳은 양을 많이 키우는 곳이었어요. 다윗왕도 어릴 때 이곳에서 양을 돌봤고, 예수님이 태어나시던 날 밤에도 목자들이 베들레헴 들판에서 양을 돌보고 있었답니다. 베들레헴은 높은 산들 사이에 있었고, 그곳을 벗어나면 광야가 펼쳐졌어요.

베들레헴에는 많은 동굴이 있었는데, 여름에는 시원하고 겨울에는 따뜻했기 때문에 옛날 사람들은 이 동굴에서 많이 살았어요. 동굴 안 위층에는 사람들이 살고, 아래층에는 짐승들이 지냈어요. 베들레헴에서는 주로 양을 키웠기 때문에 동굴 안에는 양들이 함께 있었답니다. 그래서 예수님이 태어나신 구유도 사실은 양들에게 먹이를 주는 먹이 그릇이었어요. 그곳은 양들이 편안하게 쉴 수 있도록 잘 준비된 곳이었어요.

예수님은 왜 양 우리에서 태어나셨을까요? 그 이유는 예수님이 이 세상에 선한 목자로 오셨기 때문이에요. 목자가 양들과 함께 있는 것이 당연한 일이었으니까요. 그래서 예수님은 양들이 있는 곳에서 태어나셨어요.

그날 밤, 베들레헴 들판에서 양을 돌보던 목자들이 예수님이 태어나셨다는 기쁜 소식을 가장 먼저 들었어요. 이 목자들은 보통 목자들이 아니었어요. 이들은 예루살렘 성전에서 제물로 바칠 양들을 돌보는 특별한 목자들이었어요. 그들은 하나님께 드릴 양들을 상처 없이 잘 돌보는 일을 하고 있었어요.

그래서 하나님께서는 이 특별한 목자들에게 가장 먼저 예수님의 탄생 소식을 전해 주셨고, 목자들은 기쁜 마음으로 예수님이 있으신 곳으로 달려가 경배를 드렸어요. 그들이 경배한 예수님은 나중에 우리 모두를 위해 희생양이 되실 분이셨어요. 하나님께서는 이러한 특별한 목자들이 가장 먼저 아기 예수님을 만나고 경배할 수 있도록 하셨답니다.

3rd Story: Baby Jesus in Bethlehem

[Luke 2:20]

The shepherds returned, glorifying and praising God for all they had heard and seen, as it had been told them

A long time ago, in a town called Bethlehem, many sheep lived with their shepherds. Even King David, when he was a boy, took care of sheep in Bethlehem. On the special night when Jesus was born, some shepherds were out in the fields near Bethlehem, taking care of their sheep.

Bethlehem was a small town with high mountains all around it. Beyond the mountains was a big, wild desert. In Bethlehem, there were many caves. A long time ago, people often lived in these caves because they were cool in the summer and warm in the winter. The people lived in the upper part of the cave, while their animals, like sheep, stayed in the lower part. Because Bethlehem was a place where many sheep lived, the caves were used to keep the sheep safe. The manger where Jesus was born was a feeding box for the sheep. It was a warm and safe place where the sheep could rest.

But why was Jesus, our Savior, born in a place where sheep stayed? It's because Jesus came to be our Good Shepherd. Just like a shepherd stays with his sheep, Jesus wanted to show that He would always be with us, taking care of us.

That night, the shepherds who were watching over their sheep in the fields of Bethlehem were the first to hear the wonderful news that Jesus had been born. These shepherds were special because they took care of the sheep that would be offered as gifts to God in the Temple in Jerusalem. They made sure that these lambs were perfect.

Because their job was so important, God wanted these special shepherds to be the first to hear about Jesus' birth. They were so happy that they quickly went to meet baby Jesus. When they found Him, they worshiped Him with joy. The baby they saw that night would one day grow up to be the Lamb of God, who would save us all. God made sure that these special shepherds were the first to meet and worship baby Jesus, the Good Shepherd who would take care of all of us forever.

4번째 이야기: 우리 목자 예수님과 함께

[요한복음 10:14~15]
**나는 선한 목자라 나는 내 양을 알고 양도 나를 아는 것이
아버지께서 나를 아시고 내가 아버지를 아는 것 같으니
나는 양을 위하여 목숨을 버리노라**

예수님은 우리의 진짜 목자세요. 예수님은 우리의 이름도 아시고 우리 마음과 생각도 다 잘 알고 계세요. 우리가 힘들 때에도 슬플 때에도 그리고 기쁘고 행복할 때도 예수님은 우리와 함께 하세요. 우리가 무슨 일을 잘하는지, 어디에서 어려움을 겪고 있는지도 예수님은 다 알고 계신답니다.

많은 아이가 동시에 울기 시작해도 놀랍게도 엄마들은 그 울음소리 속에서 자기 아기 목소리를 바로 알아들을 수 있는데 그건 엄마이기 때문에 가능한 일이에요. 하나님도 우리 한 사람 한 사람을 다 아시고 누가 눈물을 흘리는지 왜 우는지도 아세요. 하나님은 우리 마음속 깊은 곳까지 아시고, 우리가 필요로 하는 것을 다 알고 계세요.

양들은 다른 목자의 양들과 섞여 있어도 자기 목자의 목소리를 잘 알아듣고 찾아가요. 어떤 사람이 목자처럼 옷을 입고 목자의 목소리를 흉내 냈지만, 양들은 그 사람을 따라가지 않았어요. 양들은 진짜 자기 목자만 따라가요.

옛날에 한 어린 양이 길을 잃어버렸어요. 그 양의 여자 주인은 어린 양을 찾기 위해 다른 목자들에게 도움을 요청했지만 찾지 못했어요. 얼마 후에 많은 양 떼가 지나갈 때, 그 여자 주인은 자기에게 다가오는 한 어린 양을 볼 수 있었어요. 그 어린 양은 길을 잃어 다른 목자에게 갔다가 자기 목자의 소리를 알아듣고 그 여자 주인을 찾아온 것이었어요. 양들은 자기 목자의 모습뿐 아니라 자기 목자의 음성도 안답니다.

하지만, 사람들은 때때로 우리를 돌보시는 진짜 주인 되시는 하나님을 알아보지 못할 때가 있어요. 하나님은 항상 우리를 사랑하시고 돌보아 주시는 분이시라는 걸 잊지 말아요!

4th Story: Walking with Our Shepherd, Jesus

[John 10:14~15]
I am the good shepherd. I know my own and my own know me, just as the Father knows me and I know the Father; and I lay down my life for the sheep

Jesus is our true Shepherd. He knows us very well and even knows our names. He understands what's in our hearts, and He's always with us whether we're angry, feeling sad, or full of joy. Jesus knows what we're good at and where we might need a little extra help.

One day, many babies started crying at the same time. But amazingly, each mother could recognize her own baby's cry right away. This happened because they were the mothers, and they knew their babies' voices. In the same way, God knows exactly why we cry when we shed tears. He understands our hearts deeply and knows exactly what we need.

A shepherd takes care of his sheep. Even when there are many sheep, they can still recognize their shepherd's voice and follow him. One time, someone dressed up like a shepherd and tried to sound like the shepherd, but the sheep didn't follow him. The sheep only follow their true shepherd.

A long time ago, a little lamb got lost. The woman who owned the lamb asked other shepherds for help, but they couldn't find it. Later, when a large flock of sheep was passing by, the little lamb heard the voice of its true shepherd, the woman, and came back to her!

The little lamb followed another shepherd because it got lost, but when it heard the voice of its true shepherd, it returned. Sheep recognize their shepherd and follow his voice. But sometimes, people don't always recognize our true Shepherd, God, who takes care of us. Let's always remember that God loves us and is always watching over us!

5번째 이야기: 예수님과 소중한 양들

[이사야 49:16]
내가 너를 내 손바닥에 새겼고

예수님은 양들을 아주 많이 사랑하셨어요. 그래서 양 한 마리 한 마리에게 이름을 지어 주셨어요. 예수님이 양들을 부르면, 양들은 예수님의 목소리를 듣고 기쁘게 따라왔어요. 이 이야기는 예수님이 양들을 얼마나 사랑하셨는지를 보여 줘요.

지금도 몇몇 목자는 양들에게 이름을 지어 주고 사랑으로 돌봐요. 예를 들어, 인도에 사는 어떤 목자는 무려 300마리나 되는 양에게 모두 이름을 지어 주었대요. 그 목자는 모든 양의 이름을 기억하고 있어요. 이건 목자가 양들을 얼마나 아끼는지 보여 주는 거예요.

베두인들도 양을 가족처럼 여기고 특별한 이름을 붙여 주었어요. 이들은 평생을 양들과 함께 지내면서 양들의 좋은 친구가 되기도 해요. 이건 목자와 양 사이에 깊은 사랑이 있다는 뜻이에요.

하나님도 우리 모두의 이름을 아시고, 우리를 하나하나 소중히 여기세요. 하나님은 우리가 유명한지 아닌지 상관없이 모두를 사랑하세요. 이건 하나님이 우리를 얼마나 잘 돌보시는지를 보여 주는 거예요.

그래서 예수님의 이야기는 진짜예요. 목자와 양 사이의 사랑이 얼마나 크고 소중한지를 알려줘요. 우리도 예수님과 하나님이 우리를 얼마나 사랑하시는지 기억하면서, 서로를 사랑하고 잘 돌봐야 해요.

5th Story: Jesus and His Precious Sheep

[Isaiah 49:16]

I have engraved you on the palms of my hands

Jesus loves His sheep very much. He even gave each one of them a special name! When Jesus called the sheep, they would hear His voice and happily follow Him. This story shows how much Jesus cares for His sheep.

Even today, some shepherds give their sheep special names and take care of them with love. For example, there is a shepherd in India who has named all 300 of his sheep! He remembers each of their names. This shows how much the shepherd cares about his sheep.

In another place, the Bedouin people also treat their sheep like a family. They give each sheep a special name and spend their whole lives with them. The sheep become their good friends. This shows that there is a deep love between the shepherd and the sheep.

God also knows all of our names and cares for each one of us. He loves us no matter who we are or how famous we might be. This shows how well God takes care of us.

So, the story of Jesus is true. It teaches us how big and special the love between a shepherd and his sheep is. We should always remember how much Jesus and God love us, and we should love and take care of each other too.

6번째 이야기: 광야의 목자와 양들

[시편 23:1]
여호와는 나의 목자시니 내게 부족함이 없으리로다

　시편 23편을 그림으로 그리면, 푸른 풀이 많은 초원이 나와요. 그곳에는 작은 시냇물도 있고, 양들이 편안하게 누워있거나 풀을 뜯고 있어요. 목자는 지팡이를 들고 양들을 돌보고 있죠. 목자 예수님의 품에는 어린 양이 안겨 있어요. 이 그림은 아주 차분하고 평화로워서 모두가 보기에 참 예뻐요.

　하나님이 모세를 불렀을 때, 모세는 미디안이라는 곳에서 양을 돌보고 있었어요. 모세는 그곳에서 40년 동안 양을 돌봤어요. 미디안은 사막이에요. 모세는 푸른 초원이나 시냇물 옆이 아닌, 사막에서 양을 돌보고 있었어요.

　이스라엘 사람들도 사막에서 양을 돌봤어요. 지금도 이스라엘, 이집트, 요르단, 사우디아라비아 같은 나라에는 사막에서 양을 돌보는 사람들이 있어요. 이 사람들은 베두인이라고 불러요. 베두인은 텐트에서 살아요. 양들과 함께 이동하며 살아야 해서 집을 짓고 살 수 없어요. 오랫동안 그들은 도시에서 떨어져 사막에서 양을 돌보며 살았어요.

　광야는 사막과는 조금 달라요. 사막은 끝없이 펼쳐진 모래사막을 뜻하고, 광야는 풀도 적고 나무도 없는 황무지예요. 이곳에서 양들은 풀을 찾아다니며 살아가요.

　양들은 광야에서 살지만, 목자가 함께 있어서 행복해요. 목자가 있어서 배고프지 않고, 길을 잃지 않고, 안전하게 살아갈 수 있어요. 그래서 시편 23편의 양들은 "내게 부족함이 없으리로다"라고 말할 수 있는 거예요.

　우리도 시편 23편의 양들처럼 힘든 상황에서도 하나님이 우리의 목자라는 것을 믿으면, "내게 부족함이 없으리로다"라고 고백할 수 있을 거예요.

6th Story: The Shepherd and the Sheep in the Wilderness

[Psalm 23:1]
The Lord is my shepherd; I shall not want

Imagine Psalm 23 as a picture. You might see a big, green field full of soft grass. There's a little stream flowing gently, and the sheep are lying down or eating the grass peacefully. The shepherd is holding a staff, watching over the sheep. In the arms of the shepherd, Jesus, a little lamb is being held close. The whole scene is calm, peaceful, and very beautiful.

When God called Moses, he was taking care of sheep in a place called Midian. Moses spent 40 years there, looking after sheep. But Midian wasn't a green field with a stream; it was a desert. Moses had to take care of his sheep in the hot, desert.

The people of Israel also took care of sheep in the desert. Even today, in places like Israel, Egypt, Jordan, and Saudi Arabia, some people take care of sheep in the desert. These people are called Bedouins. Bedouins live in tents because they need to move around with their sheep to find food and water. They have lived in the desert for a long time, far away from cities.

A wilderness is a little different from a desert. A desert is an endless sea of sand, but a wilderness is a dry, empty place with only a little bit of grass and trees. In the wilderness, sheep have to wander around to find grass to eat.

Even though the sheep live in the wilderness, they are happy because their shepherd is with them. The shepherd makes sure they have enough to eat, helps them find their way, and keeps them safe. That's why, in Psalm 23, the sheep can say, "I have everything I need."

Just like the sheep in Psalm 23, we can say, "I have everything I need," even when things are hard if we believe that God is our Shepherd.

7번째 이야기: 목자의 하루

[창세기 31:40]
낮에는 더위와 밤에는 추위를 무릅쓰고
눈 붙일 겨를도 없이 지냈나이다

    목자는 양들을 먹이기 위해 온종일 이곳저곳을 돌아다녀요. 뜨거운 태양 아래에서 쉬지도 못하고 일해요. 여름이 되면 네다섯 달 동안 집에도 못 가고 밖에서 지내야 해요. 밤에는 이슬을 맞으며 밖에서 자야 한답니다. 산을 오르내리다 보면 위험한 곳도 많아서 조심해야 해요.

    양들을 지키려면 늑대나 사자가 나타날 때 열심히 싸워야 해요. 목숨을 걸고 싸워야 해서 다치거나 죽을 수도 있어요. 다윗은 양들을 지키기 위해 물매 돌 던지는 연습을 많이 했어요. 많은 연습 덕분에 골리앗과 싸웠을 때 이길 수 있었던 거예요.

    양이 다치면 목자는 그 양을 어깨에 메고 다녀야 해요. 양 한 마리가 40킬로그램 정도 되니까 온종일 들고 다니는 건 정말 힘들어요. 양들과 종일 같이 있는 건 정말 지루해요. 여름에는 몇 달씩 집을 떠나서 친구도 없이 양들하고만 있어야 해요. 종일 말할 사람도 없어서 양들이 친구가 된답니다.

    목자는 양들을 한곳으로 모으기 위해 지혜로워야 해요. 100마리의 양들을 잘 이끌어야 하거든요. 양들이 흩어지면 다시 모으기도 어렵답니다. 밤에는 늑대가 나타날까 봐 목자는 잠도 제대로 못 자요. 그래서 목자들은 한쪽 눈만 감고 잔다고 해요. 그리고 항상 긴장하고 살아야 해요.

    양들을 돌보는 건 정말 쉬운 일이 아니에요. 목자들은 목숨을 걸고 일해요. 위험한 곳에서 일하고 밤에도 잠을 못 자며 양을 지켜야 해요. 혼자 있는 시간도 많아서 외롭고 힘들어요.

7th Story: A Day of the Shepherd

[Genesis 31:40]

**There I was by day the heat consumed me,
and the cold by night, and my sleep fled from my eyes**

A shepherd spends all day walking around to find food for the sheep. Under the hot sun, the shepherd works without taking a break. In the summer, shepherds might have to stay outside for four or five months without going home. At night, they sleep outside, even when it's cold and damp with dew. Climbing up and down the mountains can be dangerous, so the shepherd has to be very careful.

To protect the sheep, the shepherd must be ready to fight off wolves or lions. This can be very dangerous, and the shepherd could get hurt or even lose their life. David, from the Bible, practiced throwing stones with a sling to protect his sheep. Because of all his practice, he was able to win against the giant Goliath.

If a sheep gets hurt, the shepherd has to carry it on their shoulders. Since a sheep can weigh about 90 pounds, carrying it all day long is really hard work. Being with the sheep all day can also be very lonely. In the summer, shepherds may have to leave home for months, with only the sheep for company. With no one to talk to, the sheep become their friends.

Shepherds need to be wise to keep the sheep together. They have to guide 100 sheep and keep them from wandering off. If the sheep scatter, it's really hard to gather them again. At night, the shepherd stays awake, worried that a wolf might come. Some say that shepherds sleep with one eye open because they are always on guard.

Taking care of sheep is not easy. Shepherds risk their lives to do their job. They work in dangerous places, stay awake at night to protect the sheep, and spend a lot of time alone. That is why being a shepherd is such a difficult job!

8번째 이야기: 양과 목자, 함께하는 삶

[이사야 40:11]
그는 목자같이 양 떼를 먹이시며
어린 양을 그 팔로 모아 품에 안으시며
젖먹이는 암컷들을 온순히 인도하시리로다

베두인들은 멀리 떨어진 광야에서 살아요. 어떻게 그렇게 살 수 있을까요? 그들은 양이나 염소 몇 마리만 있으면 돼요. 왜냐하면, 양과 염소가 필요한 모든 것을 주기 때문이에요. 양과 염소가 주는 것들은 우리가 생각하고 있는 것보다 엄청 많답니다.

첫 번째로는 털이에요. 양털로 옷을 만들면 여름에는 시원하고 겨울에는 따뜻해요. 두 번째로는 젖이랍니다. 양과 염소는 매일 우유를 줄 수 있어요. 우유로 치즈와 요구르트도 만들 수 있어요. 세 번째로는 고기예요. 양이 죽으면 고기로 먹을 수 있어요. 네 번째로는 가죽이에요. 가죽으로 집을 만들거나 물주머니를 만들어요. 다섯 번째로는 뿔! 뿔로 나팔을 만들어 양들을 돌볼 때 사용할 수 있어요. 마지막으로 여섯 번째로는 바로 똥이에요! 똥을 말려서 불을 지필 수 있답니다.

이스라엘 사람들도 광야에서 이렇게 살았어요. 양과 염소 덕분에 신선한 우유도 마시고, 때로는 고기도 먹었어요. 양털로 옷도 만들었어요. 그래서 그들은 광야에서도 잘 살 수 있었어요.

목자는 양을 가족처럼 사랑해요. 양은 목자를 위해 모든 것을 줘요. 목자 때문에 양이 살고, 양 때문에 목자가 살면서 서로 돕고 믿으며 살아가요.

목자는 양을 위해 첫 번째로 양의 젖을 짜줘요. 양의 젖을 자주 짜주지 않으면 양이 아프게 돼요. 두 번째로 양의 털을 깎아줘요. 양의 털을 자주 깎아주지 않으면 아프고, 양들이 잘 못 움직여요. 세 번째로 양은 목자를 순종해요. 양은 목자가 칼을 가져다 대도 피하지 않고 가만히 있어요. 그만큼 목자를 믿고 따르는 거예요.

양은 자기의 모든 것을 목자에게 줘요. 목자는 양을 위해 모든 것을 바치고, 양도 목자를 위해 모든 것을 바쳐요. 살아서도, 죽어서도 서로를 위해 모든 것을 다하는 거예요. 이렇게 베두인과 양은 서로를 도우며 살아간답니다.

8th Story: The Sheep and Their Shepherd, Together

[Isaiah 49:16]

He will tend his flock like a shepherd he will gather the lambs in his arms; he will carry them in his bosom, and gently lead those that are with young

The Bedouin people live far away in the wilderness. How can they live there? All they need are a few sheep or goats. That is because sheep and goats give them everything they need. You might be surprised by how much sheep and goats can provide!

First, they give wool. Clothes made from sheep's wool keep you cool in the summer and warm in the winter. Second, they give milk. Sheep and goats can give fresh milk every day, which can be turned into cheese and yogurt. Third, they provide meat. When a sheep dies, its meat can be eaten. Fourth, they give leather. Leather can be used to make tents or water bags. Fifth, they have horns! The horns can be made into trumpets to help guide the sheep. And lastly, number six, they provide dung! Dried dung can be used to start a fire.

The people of Israel also lived like this in the wilderness. Thanks to their sheep and goats, they had fresh milk to drink, meat to eat, and wool to make clothes. This is how they were able to live well even in the wilderness.

A shepherd loves the sheep like a family, and the sheep give the shepherd everything they have. The shepherd helps the sheep, and the sheep help the shepherd. They rely on each other.

The shepherd does important things for the sheep. First, the shepherd milks the sheep. If the sheep aren't milked regularly, they can get sick. Second, the shepherd shears the sheep's wool. If the wool isn't cut, the sheep can get sick and find it hard to move. Third, the sheep trust the shepherd. Even if the shepherd has to use a knife to trim their wool, the sheep stay calm because they trust him so much.

The sheep give everything they have to the shepherd. The shepherd gives everything to care for the sheep, and the sheep give everything to the shepherd. Whether they are alive or dead, they do everything for each other. This is how the Bedouin people and their sheep live together, helping and caring for one another.

9번째 이야기: 양들의 진짜 친구

[마태복음 9:36]
무리를 보시고 불쌍히 여기시니
이는 그들이 목자 없는 양과 같이 고생하며 기진함이라

옛날 어느 먼 나라에 있는 아주 큰 목장에서 양들이 자유롭게 풀을 뜯으며 살았어요. 그곳에는 수천 마리의 양이 있었는데, 이 양들은 풀밭이 아주 넓어서 어디로 가든지 먹을 풀이 항상 있었어요. 그래서 양들을 돌봐 주는 목자가 특별히 양들을 이끌고 가거나 도와줄 필요가 없었답니다. 양들은 언제나 안전한 울타리 안에 있었고, 그 울타리는 위험한 곳으로 가지 못하게 막아 주었기 때문에 길을 잃을 걱정도 없었어요.

그러나 이곳은 양들을 돌봐 주는 사람이 목자가 아니라 목장 관리인이었어요. 이 관리인은 가끔 양들을 찾아오지만, 양들은 관리인이 오면 조금 겁을 먹었어요. 왜냐하면, 관리인이 오면 양털을 깎거나, 트럭에 실어 다른 곳으로 팔러 가기 때문이었죠.

이곳에 많은 양이 살고 있었지만, 관리인은 모든 양을 다 기억하거나 하나하나 알아볼 수 없었어요. 양이 많아서 잃어버린 양이 있는지도 잘 몰랐답니다. 혹시 잃어버린 양이 있다고 하더라도, 그 양이 보고 싶어서가 아니라, 양을 잃어버려서 손해를 보지 않으려고 찾으러 갈 거예요.

이렇게 목장에 많은 양이 살고 있었지만, 양들은 점점 더 외로워졌어요. 왜냐하면, 양들을 진짜로 사랑하는 목자가 없었기 때문이죠. 양들은 관리인보다 자기를 사랑해 주는 목자를 더 원했어요.

이 이야기처럼 우리도 때로는 우리를 진짜로 사랑해 주는 사람이 필요해요. 양들에게 목자가 필요한 것처럼 말이에요.

9th Story: The True Friend of the Sheep

[Matthew 9:36]
When he saw the crowds, he had compassion for them, because they were harassed and helpless, like sheep without a shepherd

A long time ago, in a faraway country, sheep were living in a big, open field. This field was so huge that thousands of sheep could live there, and there was always plenty of grass to eat no matter where they went. The sheep were safe inside a tall fence that kept them from wandering off into dangerous places, so they never had to worry about getting lost.

Instead of a shepherd, the sheep had a farm manager who looked after them. The manager only visited the sheep sometimes, and when he did, the sheep would get a little scared. That's because when the manager came, it usually meant he was there to shear their wool or load them onto a truck to be sold somewhere else.

There were so many sheep that the manager couldn't remember all of them or tell them apart. He didn't always know if one went missing. And if a sheep did get lost, the manager would look for it, not because he cared about the sheep, but because he didn't want to lose money.

Even though many sheep were living in the big fields, they started to feel lonely. Why? Because they didn't have a shepherd who truly loved them. The sheep wanted someone who cared for them, not just a manager who visited sometimes.

Just like the sheep in this story, we all need someone who really loves us. Just like sheep need a shepherd who cares for them, we need people who care for us too.

제2부

내게 부족함이 없으리로다

CHAPTER 2

NOT WANT

10번째 이야기: 선한 목자 예수님, 우리를 돌봐 주시는 사랑

[요한복음 10:14~15]

**나는 선한 목자라 나는 내 양을 알고 양도 나를 아는 것이
아버지께서 나를 아시고 내가 아버지를 아는 것 같으니
나는 양을 위하여 목숨을 버리노라**

양들이 목자를 잘못 만나면 어떻게 될까요? 목자가 양들을 잘 돌보지 않으면 양들은 배가 고프고, 병이 나서 아프게 돼요. 푸른 풀밭에서 풀을 먹고, 시원한 시냇가에서 물을 마시며 쉬어야 하는데, 그런 좋은 곳에 가지도 못해요. 양들이 점점 힘이 없어지고 아프게 되면, 어떤 양들은 사라지거나 맹수에게 잡아먹히기도 해요. 새끼 양들도 잘 자라지 못하고요. 그래서 양들은 점점 더 힘들어져요.

성경 이야기에서 에스겔이라는 사람이 나쁜 목자들에 관해 이야기했어요. 이 나쁜 목자들은 양들을 돌봐 주지 않고 오히려 해를 끼쳤어요. 그래서 양들이 흩어지고, 위험한 짐승들에게 잡아먹히기도 했죠. 목자가 잘못되면 양들이 이렇게 불행해져요.

뉴질랜드라는 나라에서는 양들을 많이 키워요. 그래서 양 한두 마리가 없어져도 별로 신경 쓰지 않아요. 대신 훈련된 개가 양들을 몰고 다녀요. 이런 곳의 주인은 양들을 직접 돌보지 않고, 그냥 뒤에서 몰아가요. 양들은 인도받지 않고 쫓겨 다니죠.

하지만, 선한 목자는 다르답니다. 선한 목자는 모든 양의 이름을 알고, 양들도 목자를 잘 알아요. 목자는 양들이 푸른 풀밭에서 맛있는 풀을 먹고, 시원한 시냇가에서 물을 마실 수 있게 해 줘요. 목자는 양들이 잘 쉬고 있는지, 아프지는 않은지 늘 돌봐 줘요. 예수님이 바로 그런 선한 목자예요. 예수님은 우리가 힘들 때도 함께해 주시고, 안전하게 지켜 주세요. 그래서 우리는 예수님이 우리의 목자가 되어 주셔서 부족한 게 없다고 말할 수 있어요.

10th Story: Jesus, the Loving Shepherd

[John 10: 14~15]

I am the good shepherd. I know my own and my own know me, just as the Father knows me and I know the Father; and I lay down my life for the sheep

What happens when sheep have a bad shepherd? If the shepherd doesn't take good care of the sheep, they can become hungry and sick. They need to eat grass in green fields and drink water from cool streams, but a bad shepherd doesn't lead them to those good places. The sheep get weaker and sicker, and some might even get lost or be caught by wild animals. The little lambs don't grow up strong, and the sheep start to feel sad and tired.

In the Bible, there's a story about a man named Ezekiel who talked about bad shepherds. These bad shepherds didn't take care of the sheep and even hurt them. The sheep got scattered and some were eaten by dangerous animals. When a shepherd is bad, the sheep have a hard time.

In a country called New Zealand, there are many sheep. Sometimes, if one or two sheep get lost, the owners don't worry much. Instead of guiding the sheep, they use trained dogs to chase them around. The owners don't care for the sheep directly; they just push them from behind. The sheep are chased instead of being gently led.

But a good shepherd is different. A good shepherd knows each sheep by name, and the sheep know their shepherd too. The good shepherd leads the sheep to green fields where they can eat yummy grass and to cool streams where they can drink fresh water. The shepherd always makes sure the sheep are resting well and are not sick. Jesus is our Good Shepherd. He stays with us when we're having a hard time and keeps us safe. That's why we can say that with Jesus as our Shepherd, we have everything we need.

11번째 이야기: 하나님과 함께라면 충분해요

[빌립보서 4:19]
나의 하나님이 그리스도 예수 안에서 영광 가운데
그 풍성한 대로 너희 모든 쓸 것을 채우시리라

아기들은 자라면서 필요한 것이 많아요. 우유도 먹고, 기저귀도 갈아야 해요. 하지만, 아기에게 가장 중요한 것은 바로 엄마예요. 엄마가 있으면 모든 것이 괜찮아요. 엄마가 아기를 사랑하고 돌봐 주니까요.

양들도 마찬가지예요. 양들은 혼자서 지내기 힘들어요. 그런데 목자가 있으면 걱정이 없어요. 목자가 양을 돌봐 주고 필요한 것을 다 챙겨 주니까요. 그래서 양들은 "내일은 뭐 먹지?"라거나 "어디로 가야 하지?" 같은 걱정을 하지 않아요. 목자가 다 알아서 해 주니까요.

어느 날, 교회학교에서 선생님이 아이들에게 시편 23편을 외워 오라고 했어요. 그다음 주에 시편 23편을 외운 아이들은 손을 들라고 하자, 한 아이가 손을 들었다가 내렸어요. 조금 부끄러웠던 거예요. 선생님은 "다 외우지 못해도 괜찮아. 아는 대로 해 보렴"이라고 하셨어요. 그러자 아이는 작은 목소리로 말했어요.

"하나님은 나의 목자예요. 그게 내가 바라는 전부예요."

비록 그 아이는 시편 23편을 다 외우지 못했지만, 사실은 그 뜻을 아주 잘 알고 있었어요. 양이 목자만 있으면 걱정이 없듯이, 우리도 하나님만 있으면 충분해요. 하나님이 우리를 돌봐 주시니까요. 하나님이 우리의 목자가 되시면 우리는 다른 게 필요 없어요. 그것만으로도 충분해요!

11th Story: With God, We Have Enough

[Philippians 4:19]

My God will supply every need of yours according to his riches in glory in Christ Jesus

As babies grow, they need a lot of things. They need milk to drink and diapers to keep them clean. But the most important thing a baby needs is their mom. When mom is there, everything feels okay because she loves and takes care of the baby.

Sheep are a bit like that too. They can't take care of themselves very well. But when they have a shepherd, they don't have to worry. The shepherd looks after them and gives them everything they need. That's why sheep don't worry about things like, "What will I eat tomorrow?" or "Where should I go?" The shepherd takes care of everything for them.

One day in Sunday School, the teacher asked the children to learn Psalm 23. The next week, the teacher asked who could say it from memory. One little boy raised his hand but then put it down again, feeling a bit shy. The teacher smiled and said, "It's okay if you didn't memorize it all. Just say what you know." The little boy then softly said, "The Lord is my Shepherd. That's all I need."

Even though the boy didn't remember all of Psalm 23, he understood what it really meant. Just like sheep don't worry when they have their shepherd, we don't need to worry when we have God. When God is our Shepherd, we have everything we need. And that's more than enough!

12번째 이야기: 언제나 우리를 지켜 주시는 하나님

[이사야 41:10]
**두려워하지 말라 내가 너와 함께 함이니라
놀라지 말라 나는 네 하나님이 됨이니라
내가 너를 굳세게 하리라 참으로 너를 도와주리라
참으로 나의 의로운 오른손으로 너를 붙들리라**

하나님이 우리의 목자가 되어 주신다는 것은 마치 선생님이나 부모님이 우리를 돌봐 주시는 것과 같아요. 하지만, 우리가 항상 놀이터에서 신나게 놀고 있는 건 아니에요. 가끔은 길을 잃을 수도 있고, 무서운 길을 지나가야 할 때도 있어요. 그리고 아프거나 슬플 때도 있어요. 이럴 때 하나님은 언제나 우리를 찾아오셔서 안아 주시고, 안전한 곳으로 데려가 주실 거예요.

우리가 무서운 꿈을 꾸거나, 친구에게 상처를 받았을 때도 하나님은 우리 곁에 계세요. 하나님은 우리를 돌봐 주시고, 다시 기쁘게 만들어 주실 거예요. 우리의 잔이 비어가고 있을 때도 하나님은 다시 가득 채워 주실 거예요.

그래서 우리가 아무리 어려운 상황에 있어도 "여호와는 나의 목자시니 내게 부족함이 없으리로다"라고 말할 수 있는 거예요. 하나님이 언제나 우리를 지켜 주시니까요.

12th Story: God Always Protects Us

[Isaiah 41:10]
Fear not, for I am with you; be not dismayed, for I am your God; I will strengthen you, I will help you, I will uphold you with my righteous right hand

When we say that God is our Shepherd, it's like saying that a teacher or a parent is taking care of us. But life isn't always like playing on the playground. Sometimes, we might get lost, walk through scary places, or feel sick and sad.

But no matter what, God is always there to find us, hold us close, and take us to a safe place. When we have a bad dream or feel hurt by a friend, God is right there with us. He takes care of us and helps us feel happy again. Even when we feel like our hearts are empty, God fills us up with His love.

That's why, no matter how hard things get, we can say, "The Lord is my Shepherd; I have everything I need." Because God is always watching over us, and with Him, we're never alone.

제3부

그가 나를 푸른 풀밭에 누이시며
쉴 만한 물가로 인도하시는도다

CHAPTER 3

GREEN PASTURES AND STILL WATERS

13번째 이야기: 목자와 양들이 함께하는 시간

[에스겔 34:14]
좋은 꼴을 먹이고 그 우리의 높은 산 이스라엘에서 그들을
누우게 하리니 그들이 좋은 꼴을 먹고 거기서 살진 꼴을 먹으리라

양들이 사는 유대 광야는 아주 특별한 곳이에요. 1년 중에서 2월과 3월이 되면, 그곳에 사는 양들이 가장 행복한 시간을 보낸답니다. 왜냐하면, 11월부터 내리기 시작한 비가 2월 말쯤 그치고, 봄이 찾아오기 때문이에요. 봄이 되면 광야에도 꽃이 피고, 온통 푸른 풀로 덮여 마치 초원처럼 변한답니다. 양들은 이때 가장 맛있고, 신선한 풀을 먹을 수 있어요. 그래서 멀리 가지 않고도 배불리 먹을 수 있죠. 목자들도 이때가 가장 행복해요. 양들이 가까운 곳에서 배불리 풀을 먹는 모습을 볼 수 있으니까요.

하지만, 4월이 되면 광야의 풀들이 점점 말라가기 시작해요. 그러면서 먹을 것이 점점 줄어들어요. 5월이 지나고 6월이 되면, 목자는 양들을 데리고 풀이 있는 곳을 찾아 먼 길을 떠나야 해요. 이때는 양들도, 목자들도 매우 힘들어요. 날씨는 점점 더워지고, 풀은 더 말라가요. 그래서 매일 먼 길을 걸어가야 하죠. 밤이 되면 아무 곳에서나 야영해야 하고, 목자는 하늘을 이불 삼아 땅을 베개 삼아 자야 한답니다.

봄에는 목자들이 고산 지대에 머물지만, 여름이 되면 평원 지대로 내려와야 해요. 하지만, 평지로 내려올 수 없어요. 왜냐하면, 아직 밀과 보리의 추수가 끝나지 않아서예요. 양들이 밭으로 들어가면 밀이나 보리를 다 먹어 버릴 수 있거든요. 그래서 목자들은 추수가 끝난 후에야 평지로 내려와요. 평지에는 추수가 끝나고 남은 밀과 보리의 밑동이 있어서, 양들이 그것을 먹을 수 있어요. 목자는 그동안 돌무화과나무의 열매에 작은 구멍을 내고 올리브기름을 바르는 일을 해야 해요. 목자들은 양들을 위해 이렇게 열심히 일하며 살아간답니다.

양들을 사랑하는 마음으로, 목자들은 평생 양들을 돌보며 이곳저곳을 떠돌며 살아요. 양들이 푸른 풀밭에 배불리 누워 있을 때, 목자들은 그 모습을 보며 가장 큰 행복을 느껴요. 시편 23편 2절에 나오는 "푸른 풀밭에 누이시며"라는 구절처럼, 양들이 배부른 모습은 목자에게 큰 기쁨이랍니다.

13th Story: A Shepherd's Time with His Sheep

[Ezekiel 34:14]

I will feed them with good pasture, and on the mountain heights of Israel shall be their grazing land. There they shall lie down in good grazing land, and on rich pasture they shall feed on the mountains of Israel

The wilderness where the sheep live in Judea is a very special place. The happiest time for the sheep is in February and March. Do you know why? It's because from November to February, the rain falls, and by late February, the rain stops, and spring arrives. When spring comes, the wilderness blooms with flowers and green grass covers the land, turning it into a beautiful field. The sheep get to eat the freshest, most delicious grass. They don't have to go far to find food, and they can eat until they are full. The shepherds are happy too, because they can watch their sheep enjoy the fresh grass close by.

But when April comes, the grass in the wilderness starts to dry up. As the months go by, there is less and less for the sheep to eat. By May and June, the shepherds have to take the sheep on long journeys to find more grass. This is a tough time for both the sheep and the shepherds. The weather gets hotter, and the grass gets drier, so they have to walk long distances every day. At night, they camp wherever they can, with the shepherd using the sky as his blanket and the ground as his pillow.

In spring, the shepherds stay in the high mountains, but when summer comes, they have to move down to the plains. However, they can't go to the plains right away because the wheat and barley haven't been harvested yet. If the sheep go into the fields too early, they might eat all the crops! So, the shepherds wait until the harvest is over before moving down. After the harvest, there are leftover stalks of wheat and barley that the sheep can eat. During this time, the shepherds also have work to do, like making small cuts in fig trees and rubbing olive oil on the fruits to help them grow. The shepherds work hard, always thinking about what's best for their sheep.

Shepherds love their sheep so much that they spend their whole lives taking care of them, moving from place to place. When the sheep are lying in the green pastures, full and happy, the shepherds feel the greatest joy. Just like in Psalm 23:2, where it says, "He makes me lie down in green pastures," seeing their sheep happy and well-fed is the shepherd's greatest delight.

14번째 이야기: 하늘의 양식

[출애굽기 16:4]
**보라 내가 너희를 위하여
하늘에서 양식을 비같이 내리리니
백성이 나가서 일용할 것을
날마다 거둘 것이라**

우리 모두의 좋은 목자이신 하나님은 양들을 아주 많이 사랑하셨어요. 그래서 양들이 먹을 수 있는 아주 신선하고 맛있는 풀을 찾아다니셨어요. 그런데 그 풀들은 드넓은 푸른 초원에 있는 것이 아니었어요. 작고 귀여운 새싹들이 막 돋아나는 고산 지대나 광야에서 찾을 수 있었답니다.

새싹들은 밤새 내린 이슬을 먹고 쑥쑥 자랐어요. 그래서 아주 부드럽고, 맛도 좋았죠. 오래된 풀들은 질기고 맛이 없어서 양들이 먹기 힘들었어요. 하지만, 새로 자라난 풀들은 양들이 좋아할 만큼 연하고 맛있었어요. 하나님은 양들이 맛있고 소화도 잘되는 이 풀들을 먹을 수 있게 늘 신경을 쓰셨답니다.

하나님은 이처럼 매일매일 양들에게 신선한 풀을 주셨어요. 옛날 이스라엘 사람들도 매일매일 신선한 만나를 먹었어요. 만나란 하늘에서 내려온 특별한 빵 같은 것이었는데, 오래 두면 맛이 없어지고 썩어버렸어요. 그래서 이스라엘 사람들은 매일 아침 일찍 일어나 신선한 만나를 모으곤 했어요. 마치 엄마가 빵집에서 오늘 아침에 갓 구운 따끈따끈한 빵을 사 오시는 것처럼요.

하나님도 우리에게 매일매일 천국에서 갓 구운 신선하고 따뜻한 빵을 주고 싶어 하세요. 그래서 우리가 하나님께 매일 일용할 양식을 달라고 기도할 때, 하나님은 우리의 기도를 듣고 매일매일 우리에게 신선하고 맛있는 것을 주신답니다.

이렇게 하나님은 언제나 우리를 사랑하시고, 우리에게 좋은 것들을 주시려고 해요. 우리는 하나님께 감사하며, 매일매일 신선한 사랑을 받아야 해요!

14th Story: Heavenly Food

[Exodus 16:4]

Behold, I am about to rain bread from heaven for you, and the people shall go out and gather a day's portion every day, that I may test them, whether they will walk in my law or not

God, our Good Shepherd, loves His sheep very much. He always finds the freshest and tastiest grass for them to eat. But this special grass isn't found in big, wide meadows. Instead, God finds it in high mountains and in the wilderness, where little, tender sprouts of grass are just beginning to grow.

These young sprouts drink the dew that falls during the night, which helps them grow soft and tasty. The old grass is tough and hard for the sheep to eat, but the new grass is soft and delicious just what the sheep love. God makes sure His sheep have this fresh, easy-to-eat grass every day.

In the same way, God provided fresh food for the Israelites every day long ago. The people of Israel ate something called manna, a special bread from heaven. But manna didn't stay fresh for long as it would spoil if kept too long. So, the Israelites had to wake up early every morning to gather fresh manna, just like getting warm bread from a bakery.

Just like a loving parent who brings home warm bread, God wants to give us fresh, heavenly bread every day. When we pray and ask God for our daily bread, He listens and gives us something good and fresh each day.

God always loves us and wants to give us the best things. We should be thankful to God and receive His fresh love every day!

15번째 이야기: 되새김 묵상

[시편 1:2]
오직 여호와의 율법을 즐거워하여
그의 율법을 주야로 묵상하는도다

양들은 아침에 일어나서 푸른 풀밭에서 풀을 뜯어 먹어요. 배가 부르면 풀밭에 앉아 온종일 되새김질을 해요. 되새김질의 뜻은 먹고 삼킨 풀을 다시 입으로 가져와서 천천히 씹는 거예요. 이렇게 양은 먹은 풀을 몇 번이나 씹고 또 씹으면서 소화시켜요. 그래서 온종일 배불리 먹지 않아도 괜찮아요. 양들은 아침에 먹은 풀을 되새김질하면서 천천히 소화시켜요.

이렇게 양이 풀을 되새김질하는 것처럼 우리는 하나님의 말씀을 마음속에 간직하고 곰곰이 생각해 보는 게 중요해요. 그냥 한 번 듣고 잊어버리는 게 아니라, 양처럼 그 말씀을 다시 생각하고 또 생각해 보는 거예요. 그러면 그 말씀을 더 잘 이해할 수 있고 우리 마음속 깊이 자리 잡게 돼요.

마치 양이 풀을 씹고 또 씹으면서 배를 든든하게 하는 것처럼, 우리도 하나님의 말씀을 생각하고 또 생각해서 우리 마음속에 깊이 새겨야 해요. 그러면 그 말씀이 우리 마음속에서 살아 움직이게 돼요. 이렇게 우리는 양에게서 묵상하는 법을 배울 수 있어요. 묵상은 하나님의 말씀을 계속 생각해 보는 거예요. 그러면 그 말씀이 우리에게 더 크게 다가오고, 더 잘 이해할 수 있게 된답니다.

15th Story: Quiet Time with God

[Psalm 1:2]

**His delight is in the law of the Lord,
and on his law he meditates day and night**

In the morning, sheep wake up and start eating grass in the green pasture. Once they're full, they sit down in the field and spend the rest of the day chewing cud. Chewing cud means they bring up the grass they've already eaten and chew it again slowly. This helps the sheep digest their food better. Because of this, sheep don't need to keep eating all day long they can just chew on the grass they ate in the morning and slowly digest it throughout the day.

Just like sheep chew cud, we need to keep God's Word in our hearts and think about it often. Instead of hearing it once and forgetting it, we should be like the sheep and bring those words back to our minds, thinking about them again and again. When we do this, God's Word settles deep in our hearts, and we understand it better.

Just as sheep chew their food over and over to feel full and satisfied, we should think about God's Word repeatedly, letting it sink deep into our hearts. This way, God's Word becomes alive inside us. We can learn from sheep how to meditate. Meditating means thinking about God's Word over and over. When we do this, God's Word becomes more meaningful to us, and we can understand it better.

16번째 이야기: 광야의 작은 친구, 이슬

[신명기 32:2]
**나의 교훈은 비처럼 내리고
나의 말은 이슬처럼 맺히나니
연한 풀 위에 가는 비 같고 채소 위에 단비 같도다**

양들은 광야에서 어떻게 물을 마실까요?

사실 양들은 물을 많이 마시지 않아도 잘 살 수 있어요. 그래서 뜨거운 광야에서도 살 수 있는 거예요. 그럼, 양들은 어떻게 필요한 물을 얻을까요?

바로 아침에 내리는 이슬 덕분이에요!

광야는 낮과 밤의 온도 차가 커서 이슬이 많이 내린답니다. 아침 일찍 일어나면 풀에 이슬이 촉촉하게 맺혀 있는 걸 볼 수 있어요. 양들은 이 이슬을 먹고 하루를 지낼 수 있어요. 그래서 목자는 아침 일찍 양들을 풀밭으로 데리고 나가서 이슬을 먹게 해 줘요.

그리고 이슬이 내리기 때문에 풀들이 자라는데, 양들은 그 풀을 뜯어 먹고 배를 채워요. 이슬이 있어서 양들이 광야에서도 잘 살 수 있는 거예요. 이슬은 양들에게 정말 중요한 물줄기나 다름없어요.

이스라엘이라는 나라는 여름에 비가 거의 내리지 않아요. 하지만, 이슬 덕분에 과일이 달콤하게 자라요. 그래서 이스라엘의 포도는 세계적으로 유명하답니다!

이슬은 조용히, 아무도 모르게 내리지만, 아주 중요한 역할을 해요. 우리도 매일매일 조용히 내려 주시는 소중한 은혜로 살아가는 거예요. 이슬처럼 조용히, 매일 우리에게 주어지는 소중한 것들이 있어요. 그래서 우리는 매일매일 감사하며 살아야 한답니다.

16th Story: A Little Friend in the Wilderness

[Deuteronomy 32:2]

May my teaching drop as the rain, my speech distill as the dew, like gentle rain upon the tender grass, and like showers upon the herb

Have you ever wondered how sheep drink water in the desert? Sheep are special because they don't need to drink a lot of water to survive. That's why they can live in the hot, desert. But how do they get the water they need? The answer is morning dew!

In the desert, the temperature changes a lot between day and night, which causes dew to form. Early in the morning, you can see the grass covered in tiny drops of dew. The sheep eat the dew-covered grass, and that's how they get the water they need for the day. The shepherd takes the sheep out to the field early in the morning so they can eat the dew.

The dew also helps the grass grow, and the sheep eat that grass to fill their tummies. Because of the dew, the sheep can live well even in the desert. The dew is like a secret water source for the sheep.

In Israel, where the summers are very dry, dew helps fruits grow sweet and delicious. For example, Israel's grapes are famous all over the world!

Dew comes quietly, without anyone noticing, but it does something very important. Just like the dew, we receive quiet blessings every day that help us live. These little daily blessings are very important, and that's why we should be thankful every day.

17번째 이야기: 예수님의 품 안에서

[마태복음 11:28-29]
수고하고 무거운 짐 진 자들아
다 내게로 오라 내가 너희를 쉬게 하리라
나는 마음이 온유하고 겸손하니 나의 멍에를 메고 내게 배우라
그리하면 너희 마음이 쉼을 얻으리니

양들은 목자가 이끄는 곳에서 안전하고 행복하게 지내요. 목자는 양들이 편안하게 쉴 수 있는 특별한 물가로 양들을 데려가요. 그곳은 "메누하"라고 부는 아주 평화롭고 조용한 물가예요.

양들은 시끄러운 물소리를 좋아하지 않아요. 그 대신 고요하고 조용한 물가에서 물을 마시고 싶어 해요. 그래서 목자는 양들이 "메누하" 물가에서 편안하게 쉴 수 있도록 도와줘요.

"메누하"는 단순히 조용한 곳이 아니에요. 그곳은 양들이 마음을 편하게 하고, 몸도 쉬고, 행복을 느낄 수 있는 아주 특별한 장소예요. 이곳에 가면 모든 걱정과 근심이 사라지고, 마음이 아주 편안해져요. 마치 천국에 온 것처럼 느껴지기도 해요.

우리도 양들처럼 쉬고 싶을 때가 있어요. 그럴 때는 어디로 가야 할까요? 예수님께 가면 돼요. 예수님은 우리에게 편안한 쉼을 주시는 분이에요. 예수님 곁에 있으면 마음이 편안해지고, 걱정도 없어져요. 그래서 예수님을 믿고 따르는 사람들은 예수님 품에서 참된 쉼과 평안을 누릴 수 있어요.

예수님은 언제나 우리를 돌봐 주시는 착한 목자예요. 예수님과 함께라면 언제나 안전하고 행복하게 지낼 수 있답니다.

17th Story: In the Arms of Jesus

[Matthew 11: 28-29]
Come to me, all who labor and are heavy laden, and I will give you rest. Take my yoke upon you, and learn from me, for I am gentle and lowly in heart, and you will find rest for your souls

Sheep are safe and happy when they follow their shepherd. The shepherd takes them to a special, peaceful place by the water called "Menucha." This is a quiet, calm spot where the sheep can rest and drink.

Sheep don't like loud, rushing water. They prefer to drink from a still, quiet place. That's why the shepherd leads them to the "Menucha" waters, where they can relax and feel safe.

But "Menucha" is more than just a quiet place. It's a special spot where the sheep can feel completely at peace, rest their bodies, and feel happy. When they're there, all their worries disappear, and it feels like they're in a little piece of heaven.

Sometimes, we need a place to rest too. Where can we go? We can go to Jesus. Jesus is like our "Menucha," a place where we can find peace and rest. When we're close to Jesus, our hearts feel calm, and our worries go away. People who believe in and follow Jesus can find true rest and peace with Him.

Jesus is our Good Shepherd who always takes care of us. With Jesus, we can always feel safe and happy!

18번째 이야기: 목자와 물을 찾는 여행

[시편 107:35]
사막을 못이 되게 하시며
마른 땅을 샘물이 되게 하시고

아주 먼 옛날에 착한 목자들이 살았어요. 이 목자들은 양들을 돌보는 일을 아주 완벽히 잘했답니다. 그런데 목자들에게는 아주 중요한 일이 있었어요. 그건 바로 물을 찾는 것이었어요. 목자들은 양들이 목마르지 않도록 항상 물이 있는 곳을 찾아다녔어요. 어디에 물이 있는지, 어떻게 물을 지켜야 하는지 잘 알고 있었어요. 그래서 양들은 "우리 목자가 우리를 푸른 풀밭과 물이 많은 곳으로 데려가요!"라고 기뻐했어요.

목자들은 사막에서도 물을 찾아냈어요. 사우디아라비아라는 큰 나라에는 700개 이상의 우물이 있었어요. 어떤 우물은 아주 많은 물을 담고 있었어요. 그래서 목자들은 사막에서도 양들을 잘 돌볼 수 있었답니다.

성경에도 물에 관한 이야기가 많이 나와요. 이스라엘이라는 곳에는 땅속에 물이 잘 스며들지 않아서 샘이 별로 없었대요. 그래서 사람들은 웅덩이를 많이 팠어요. 고대 도시에는 큰 물웅덩이가 꼭 있었어요. 이스라엘 사람들은 물을 정말 소중하게 생각했어요. 그래서 웅덩이를 파고 물을 모았어요. 이삭도 가는 곳마다 우물을 팠는데, 물이 나올 때마다 사람들이 우물을 빼앗으려고 했대요. 그래서 이삭은 다른 곳으로 옮겨가 또 우물을 팠어요.

사막에는 어떤 곳에서는 물을 찾아낼 수 있지만, 비가 오지 않으면 물이 나오지 않아요. 비는 하늘에서 내려 주기 때문이에요. 식물들은 몇 년 동안 비가 오지 않아도 버틸 수 있지만, 사람이나 동물은 그렇지 않아요. 그래서 목자들은 양들에게 물을 주기 위해 열심히 기도했어요.

광야에는 비가 오면 꽃이 피어나고 풀이 자라요. 이때 목자와 양들은 행복해요. 물을 마실 수 있고, 풀도 많으니까요. 목자들은 비가 올 때 물을 웅덩이에 모아서 나중에 쓰려고 해요. 광야에서도 가끔 홍수가 나요. 비가 많이 와서 홍수가 나는 것이 아니라, 멀리서 내린 비가 갑자기 흘러 내려와서 그렇답니다. 그래서 목자들은 양들이 안전한 곳에 있도록 항상 조심했어요.

이렇게 목자들은 양들을 잘 돌보고, 물을 찾는 일을 정말 열심히 했어요. 그래서 양들은 언제나 목자 덕분에 안전하게 물을 마실 수 있었답니다.

18th Story: A Journey with the Shepherd

[Psalm 107:35]

**He turns a desert into pools of water,
a parched land into springs of water**

A long time ago, good shepherds took great care of their sheep, always ensuring they had water to drink. Skilled in finding springs and wells, even in the harshest deserts, some shepherds knew of hidden water sources that others could not find. Their sheep, well cared for, would often say, "Our shepherd leads us to green pastures and places with plenty of water!"

In the hot desert, water was scarce. Without rain, there would be none at all. Yet, rain was a precious gift, bringing life to the land. While some plants could survive long droughts, people and animals needed water every day. Because shepherds loved their sheep, they prayed for rain, hoping their flocks would never go thirsty.

To survive in dry lands, people dug wells and collected rainwater. In places like Saudi Arabia, more than 700 wells made it possible to care for sheep even in the desert. In Israel, where water was limited, people built large pits to store rainwater. The Bible tells many stories about the importance of water. Joseph was once thrown into a dry pit that had been used for water storage. Isaac dug wells wherever he traveled, though others often tried to claim them.

When the rain finally arrived, the barren wilderness burst into life. Grass sprouted, flowers bloomed, and the shepherds rejoiced, knowing their sheep had plenty to eat and drink. But rain could also bring danger. In the desert, storms from far away could send sudden floods rushing through dry riverbeds. Wise shepherds kept their sheep safe from unexpected waters.

Because of their hard work, the shepherds ensured their sheep were always cared for, protected, and never left without water.

19번째 이야기: 목자와 비밀의 물

[요한복음 4:14]
내가 주는 물을 마시는 자는
영원히 목마르지 아니하리니 내가 주는 물은
그 속에서 영생하도록 솟아나는 샘물이 되리라

옛날에 먼 나라에 양을 돌보는 착한 목자가 있었어요. 목자는 양들이 마실 물을 항상 준비해 두었어요. 왜냐하면, 그 나라에는 비가 자주 내리지 않아서 물이 매우 소중했거든요. 그래서 목자는 비가 올 때마다 땅에 작은 웅덩이를 많이 만들어 물을 모았어요. 그리고 다른 사람이 모르게 그 웅덩이를 잘 덮어 두었답니다. 이렇게 목자는 양들이 언제든지 물을 마실 수 있도록 준비했어요.

양들이 목자를 따라다니면서 목이 마를 때, 목자는 자신만 아는 비밀의 웅덩이에서 물을 꺼내어 양들에게 주었어요. 양들은 목자가 준비한 맑고 깨끗한 물을 마시며 건강하게 자랐어요. 목자는 양들이 더러운 물을 마시지 않도록 항상 깨끗한 물을 찾아 주었답니다.

우리도 이렇게 깨끗한 물을 마실 수 있는 곳이 있어요. 그곳은 바로 교회예요! 교회는 마치 목자가 양들을 위해 준비한 비밀의 웅덩이처럼, 우리 마음에 시원한 물을 주는 곳이랍니다. 예수님은 우리에게 항상 좋은 물, 깨끗한 물을 주고 싶어 하세요.

교회에서 예수님의 말씀을 들으면, 우리 마음속이 시원해지고 행복해져요. 그래서 우리도 목이 마를 때, 세상의 더러운 물이 아닌, 예수님이 주시는 깨끗한 물을 마셔야 해요. 그러면 우리 마음이 행복해지고 건강하게 자랄 수 있답니다.

교회에서 예수님의 말씀을 듣고, 함께 예배드리면, 우리는 모두 행복한 양이 될 수 있어요. 그리고 그 기쁨은 우리 가족과 친구들에게도 전해진답니다. 우리 모두 예수님과 함께 교회에서 맑은 생수를 마시며 행복하게 살아가요!

19th Story: The Shepherd's Secret Water

[John 4:14]

But whoever drinks of the water that I will give him will never be thirsty again. The water that I will give him will become in him a spring of water welling up to eternal life

A long time ago, in a faraway land, there was a kind shepherd who loved his sheep very much. The shepherd always made sure there was water for his sheep to drink. In that land, it didn't rain very often, so water was very precious. Whenever it rained, the shepherd would dig small pits in the ground to collect the water. He would carefully cover these pits so that no one else would know about them. This way, the shepherd made sure his sheep would always have water to drink.

When the sheep were thirsty, the shepherd would lead them to his secret water pits. He would uncover the fresh, clean water and let his sheep drink. The sheep grew healthy and strong by drinking the pure water that the shepherd had prepared for them. The shepherd always made sure to find the best water so his sheep would never have to drink dirty water.

We also have a special place where we can find clean, refreshing water for our hearts. That place is the church! The church is like the secret water pits that the shepherd prepared and it gives us living water for our souls. Jesus wants to give us the best, cleanest water to help us grow.

When we listen to Jesus' words at church, our hearts feel refreshed and happy. So, when we're feeling thirsty or tired, we should go to Jesus and drink the pure water He gives us, not the dirty water from the world. This will make our hearts happy and help us grow strong.

When we go to church, listen to Jesus' words in the Bible, and worship together, we become happy sheep. And this joy can spread to our family and friends too! Let's all drink the pure, living water that Jesus gives us and live joyfully together!

20번째 이야기: 양들은 이렇게 잠들어요

[시편 23:2]
그가 나를 푸른 풀밭에 누이시며
쉴 만한 물가로 인도하시는도다

필립 켈러라는 목자는 양들이 잘 쉬고 잠들 수 있도록 양을 돌보는 일을 했어요. 그런데 양들이 편하게 잠들려면 네 가지가 필요했어요.

첫 번째, 양들이 배가 불러야 해요. 양들은 배고프면 잠이 안 와요. 그래서 목자는 양들에게 맛있는 풀을 배부르게 먹일 필요가 있어요. 배가 부르면 양들은 편안하게 누워서 쉴 수 있답니다.

두 번째, 양들이 싸우지 않아야 해요. 양들도 친구들 사이에서 서로 싸우는 일이 많아요. 누가 더 좋은 자리에 누울지, 누가 더 맛있는 풀을 먹을지 싸울 때도 있어요. 하지만, 양들은 싸우면 편안하게 눕지 못해요. 그래서 목자는 양들이 사이좋게 지내도록 잘 돌봐야 해요.

세 번째, 양들을 괴롭히는 벌레들이 없어야 해요. 양들은 작은 벌레들, 예를 들어 파리나 모기 같은 것들이 귀찮게 하면 잠이 안 와요. 왜냐하면, 이런 벌레들은 양들의 콧속에 알을 낳을 수 있는데, 그 알이 부화하면 양에게 큰 병이 생길 수 있기 때문이에요. 그래서 목자는 이런 벌레들이 양들을 괴롭히지 않도록 막아야 해요.

네 번째, 양들이 안전하다고 느껴야 해요. 양들은 목자가 가까이 있어야 안심하고 잠들 수 있어요. 목자가 없으면 무서운 늑대가 나타날까 봐 불안해서 잘 수 없어요. 그래서 목자는 양들과 항상 함께 있어야 해요. 그러면 양들은 편안하게 눕고, 쉬고, 잘 수 있답니다.

이렇게 양들이 편하게 잠들 수 있는 모든 조건을 만들어 주는 것이 바로 좋은 목자의 역할이랍니다. 양들을 잘 돌보는 목자가 있으면, 양들은 푸른 풀밭에서 마음껏 쉬고 잘 수 있어요. 마치 우리도 누군가가 우리를 돌봐 주고, 걱정거리가 없을 때 푹 잘 수 있는 것처럼요.

20th Story: How the Sheep Fall Asleep

[Psalm 23:2]

**He makes me lie down in green pastures.
He leads me beside still waters**

There was a shepherd named Philip Keller who took care of his sheep. He wanted to make sure his sheep could rest and sleep peacefully. But for the sheep to sleep well, they needed four important things.

First, the sheep needed to be full. If sheep are hungry, they can't fall asleep. So, the shepherd made sure his sheep ate plenty of delicious grass. When their tummies were full, the sheep could lie down and rest comfortably.

Second, the sheep needed to get along with each other. Sometimes, sheep argue with their friends about who gets the best spot to lie down or who gets to eat the tastiest grass. But when the sheep are fighting, they can't relax and sleep. So, the shepherd helped the sheep to get along and be peaceful with each other.

Third, there had to be no bothersome bugs. Tiny insects, like flies or mosquitoes, can really bother the sheep and keep them from sleeping. These bugs can even lay eggs in the sheep's noses, which could make the sheep very sick. So, the shepherd worked hard to keep the bugs away from his sheep.

Last, the sheep needed to feel safe. Sheep can only sleep if they know their shepherd is nearby. If the shepherd isn't there, the sheep might be scared that a wolf will come, and they won't be able to sleep. So, the shepherd stayed close to his sheep, keeping them safe and helping them feel secure.

A good shepherd makes sure that his sheep have everything they need to sleep peacefully. When a shepherd takes good care of his sheep, they can rest and sleep in the green pastures without worry just like we can sleep well when we know someone is taking care of us and there's nothing to be afraid of.

21번째 이야기 예수님과 함께하는 오아시스 여행

[이사야 35:6-7]
그 때에 저는 자는 사슴 같이 뛸 것이며
말 못하는 자의 혀는 노래하리니
이는 광야에서 물이 솟겠고 사막에서 시내가 흐를 것임이라
뜨거운 사막이 변하여 못이 될 것이며
메마른 땅이 변하여 원천이 될 것이며
승냥이의 눕던 곳에 풀과 갈대와 부들이 날 것이며

옛날에 넓고 아무것도 없는 사막이 있었어요. 사막은 뜨겁고, 건조해서 사람이 살기에 아주 힘들었어요. 하지만, 그 사막 한가운데, 특별한 곳이 있었어요. 바로 오아시스라는 곳이었어요! 오아시스는 마치 작은 마법의 정원처럼, 사막 속에서도 푸른 풀밭과 맑은 물이 흐르는 곳이에요.

많은 사람이 오아시스를 찾아 사막을 여행했어요. 왜냐하면, 사막에서 물이 떨어지면 큰일 나기 때문이에요. 그래서 오아시스를 만나면 그곳에서 물을 마시고, 푸른 풀밭에서 쉬어 가곤 했답니다.

예수님도 오아시스 같은 분이세요. 인생이라는 사막을 걷는 우리가 지치지 않도록 생명의 물을 주시는 분이세요. 우리가 교회에 가는 것도 마치 오아시스에 들르는 것과 같아요. 교회에서 우리는 예수님께서 주시는 생명수 같은 말씀을 듣고, 마음의 힘을 얻어요.

그리고 사막을 건널 때, 낙타라는 동물도 있어요. 낙타는 등에 혹이 있어서 물과 영양분을 저장해 놓고, 오랫동안 사막을 걸어갈 수 있어요. 하지만, 낙타도 가끔은 오아시스에 들러 물을 마셔야 해요. 그렇지 않으면 지쳐서 쓰러지고 말 거예요.

우리도 인생이라는 사막을 걷다 보면, 교회라는 오아시스에 들러야 해요. 거기서 예수님이 주시는 힘과 은혜를 받아야 사막 같은 인생을 힘차게 걸어갈 수 있답니다.

21st Story: An Oasis Journey with Jesus

[Isaiah 35:6-7]

Shall the lame man leap like a deer, and the tongue of the mute sing for joy. For waters break forth in the wilderness, and streams in the desert; the burning sand shall become a pool and the thirsty ground springs of water; in the haunt of jackals, where they lie down, the grass shall become reeds and rushes

A long time ago, there was a big, empty desert. The desert was hot and dry, making it a very hard place for people to live. But right in the middle of that desert, there was a special place called an oasis! An oasis is like a little garden in the desert, where the green grass grows and clear water flows.

Many people traveled through the desert, looking for an oasis. That's because, in the desert, running out of water can be very dangerous. When they found an oasis, they would drink the water and rest in the cool, green grass before continuing their journey.

Jesus is like an oasis for us. As we walk through the desert of life, Jesus gives us the water of life so we don't get tired. Going to church is like stopping at an oasis. At church, we hear Jesus' special words, and they give us strength in our hearts.

There's also a special animal that helps people cross the desert, a camel. Camels have humps on their backs where they store water and food, so they can walk through the desert for a long time. But even camels need to stop at an oasis to drink water. If they don't, they might get too tired.

Just like camels, as we walk through the desert of life, we need to stop at our oasis which is the church. At church, we can get the strength and love that Jesus gives us, and that helps us keep going through the desert of life.

제4부

내 영혼을 소생시키시고

CHAPTER 4

RESTORING MY SOUL

22번째 이야기: 함께라서 더 든든한 양들

[고린도전서 12:25]
**몸 가운데서 분쟁이 없고
오직 여러 지체가 서로 같이 돌보게 하셨느니라**

양들은 항상 같이 모여 다녀요. 먹을 때도, 쉴 때도, 움직일 때도 늘 함께 있어요. 혼자 떨어져 있는 양은 거의 없어요. 왜 그럴까요? 양들이 함께 다니는 이유는 바로 살기 위해서예요. 양들은 혼자 있으면 위험하다는 것을 잘 알고 있어요. 위험한 짐승들이 혼자 떨어진 양을 노리기 때문이에요.

예를 들어, 양들이 모여 있으면 사자나 늑대 같은 위험한 짐승들이 접근해도 쉽게 잡아먹히지 않아요. 양들은 서로 가까이 모여 있을 때 가장 안전하다는 것을 알고 있기 때문이랍니다.

만약, 위험한 짐승이 양 무리를 공격한다면, 혼자 뒤처진 양이나 길을 잃은 양이 가장 위험해요. 그런 양들은 짐승에게 잡아먹히기 쉬워요. 그래서 양들은 항상 모여 다니며 서로를 보호해요. 양들의 구호는 "모이면 살고, 흩어지면 위험해!"랍니다.

이것은 우리가 낯선 장소에 있을 때 친구들과 함께 있으면 더 안심되는 것과 비슷해요. 혼자 있으면 위험할 수 있으니까요. 그래서 양들도 늘 무리를 지어 다니며 서로를 보호한답니다. 함께 있으면 더 안전하고 편안하니까요.

22nd Story: Stronger Together

[1 Corinthians 12:25]

That there may be no division in the body, but that the members may have the same care for one another

Sheep always stay close to each other. Whether they're eating, resting, or moving, they are almost always together. Why is that? Sheep know they need to stay close to stay safe.

When sheep are together, they're harder for dangerous animals, like lions or wolves, to catch. They know that being close to each other makes them safer.

If a dangerous animal attacks, the sheep that are alone or have fallen behind are in the most danger. Those are the ones that are easiest for the animal to catch. That's why sheep always stick together and protect one another. Their motto is, "Stick together to stay safe; spread out and be at risk!"

It's like how we feel safer when we stay with our friends in a new or unfamiliar place. Being alone can be risky. So, sheep stick together, knowing that being close makes them safe and comfortable.

23번째 이야기: 하나님이 찾으시는 우리

[시편 139:7-10]

내가 주의 영을 떠나 어디로 가며
주의 앞에서 어디로 피하리이까
내가 하늘에 올라갈지라도 거기 계시며
스올에 내 자리를 펼지라도 거기 계시니이다

옛날 영국의 귀족들은 사냥을 좋아했어요. 사냥하러 갈 때마다 귀족들은 똑똑한 사냥개들을 데리고 갔답니다. 이 사냥개들은 열심히 훈련받아서, 사냥감을 절대 놓치지 않고 끝까지 쫓아가서 잡아 왔어요. 어떤 사람은 하나님을 '천국의 사냥개'*라고 불렀어요. 왜냐하면, 하나님이 우리를 너무 사랑하셔서 절대 놓치지 않고 언제나 우리를 지켜 주신다고 믿었기 때문이에요.

예수님도 목자와 같아서, 잃어버린 양을 끝까지 찾아다니신대요. 그리고 마침내 양을 찾아서 데려오시죠. 요나라는 사람도 하나님을 피하려고 했지만, 하나님은 바다 한가운데까지 쫓아가서 요나를 데려오셨어요. 어떤 사람들은 죽기 직전에 하나님께 붙잡혀서 항복하기도 해요. 예수님이 십자가에 달려 돌아가실 때, 옆에 있던 강도가 그런 사람이었어요. 아무도 하나님에게서 도망갈 수 없답니다.

목자는 길을 잃고 도망가는 양을 보면 작은 돌멩이를 던져서 알려줘요. 자꾸 도망가는 양이 있으면, 목자는 양이 위험해지지 않도록 돌봐줘야 해요. 목자 곁에 있는 양들은 안전하지만, 멀리 떨어지면 위험해질 수 있어요. 우리도 하나님 곁에 있을 때 안전해요. 예수님 곁에서 떨어지지 않도록 조심해야 해요.

양들이 길을 갈 때는 항상 목자 곁에 있어야 해요. 하이에나나 늑대 같은 위험한 짐승들이 양을 노리고 있기 때문이에요. 양이 목자 곁에서 떨어지면 위험해져요. 그래서 양들은 목자 곁에서 떨어지지 않도록 조심해야 해요.

양이 넘어지면 혼자서 일어나기 어려워요. 그럴 때는 목자가 와서 양을 도와줘요. 우리도 신앙생활을 하다가 어려움에 빠질 때가 있는데, 하나님이 우리를 다시 일으켜 주신답니다. 그래서 우리는 하나님을 항상 믿고 따라가야 해요.

이 이야기는 하나님이 우리를 언제나 사랑하시고 지켜 주신다는 걸 알려 줘요. 아무리 멀리 도망가도, 하나님은 우리를 놓치지 않고 끝까지 지켜 주신답니다.

---

*"천국의 사냥개"는 우리를 사랑하시는 하나님을 표현한 영국의 시인 프랜시스 톰슨의 〈천국의 사냥개〉라는 시에서 유래되었답니다.

23rd Story: We Are Sought by God

[Psalm 139: 7-10]

Where shall I go from your Spirit?
Or where shall I flee from your presence?
If I ascend to heaven, you are there!
If I make my bed in Sheol, you are there!

A long time ago in England, noble people loved to go hunting. They always brought clever hunting dogs with them. These dogs were trained to never miss a scent and to chase their prey until they caught it. Some people even called God the "The Hound of Heaven" because they believed that God loves us so much, He never lets us go and always takes care of us.

Just like those hunting dogs, Jesus is like a shepherd who searches for lost sheep until He finds them. He never gives up. In the Bible, there's a story about Jonah, who tried to run away from God. But God went all the way to the middle of the sea to bring Jonah back. Sometimes people even turn to God just before they die. When Jesus was on the cross, one of the criminals next to Him asked Jesus for help. No one can escape from God's love.

When a shepherd sees a sheep wandering away, he might throw a small stone to guide it back. If a sheep keeps wandering off, the shepherd has to be very careful to keep the sheep safe. Sheep that stay close to the shepherd are safe, but those that wander off can be in danger. This is like us staying close to God to be safe. We need to stay close to Jesus to be protected and loved. Sheep always need to stay close to their shepherd because there are dangerous animals like hyenas or wolves that might try to harm them. If a sheep strays too far, it becomes at risk. So, sheep must be careful to stay close to their shepherd.

When a sheep falls down, it's hard for it to get up by itself. The shepherd comes to help the fallen sheep stand up again. Similarly, when we face difficulties in our faith, God helps us get back on our feet. That's why we need to trust and follow God always.

This story shows us that God always loves and takes care of us. No matter how far we try to run, God will never stop loving us and will always keep us safe.

24번째 이야기: 따라가야 할 좋은 길

[잠언 4:26]
네 발이 행할 길을 평탄하게 하며
네 모든 길을 든든히 하라

옛날 어느 작은 마을에 양이 많이 살고 있었어요. 이 양들은 목자를 정말 좋아했어요. 목자는 양들을 잘 돌봐 주고, 언제나 안전하게 지켜 주었어요. 양들은 목자의 목소리를 들으며 따라다니는 걸 아주 좋아했답니다.

어느 날, 양들이 줄을 지어 목자를 따라가고 있었어요. 맨 앞에 있는 양들은 목자의 목소리를 잘 들을 수 있었지만, 맨 뒤에 있는 양들은 목자가 보이지도 않고 목소리도 잘 들리지 않았어요. 그래서 맨 뒤에 있는 양들은 앞에 있는 양들을 따라가기로 했어요. "앞에 있는 양들이 가는 길을 따라가면 괜찮겠지!"라고 생각한 거예요.

그런데 이럴 때 만약 앞에 가던 양이 실수로 구덩이에 빠지면 어떻게 될까요? 뒤따라가던 양들도 앞에 있는 양을 보고 "어, 구덩이에 빠졌네!" 하면서 똑같이 구덩이에 빠지고 말 거예요. 그래서 사람들은 아무 생각 없이 다른 사람을 따라가는 사람을 '양'이라고 부르기도 해요.

우리도 누구를 따라갈지 잘 생각해야 해요. 예수님께서도 눈을 감고 있는 사람이 다른 눈을 감고 있는 사람을 따라가면, 둘 다 길을 잃고 위험해질 수 있다고 말씀하셨어요. 그래서 항상 우리에게 좋은 길을 가르쳐 주는 목자 같은 사람을 따라가는 것이 중요하답니다.

24th Story: The Good Path

[Proverbs 4:26]

**Ponder the path of your feet;
then all your ways will be sure**

A long time ago, in a small village, many sheep lived happily. These sheep loved their shepherd very much. The shepherd took great care of them and always made sure they were safe. The sheep enjoyed following the shepherd's voice.

One day, the sheep were walking in a line, following the shepherd. The sheep at the front could hear the shepherd's voice clearly, but the sheep at the back couldn't see or hear the shepherd very well. So, the sheep at the back decided to follow the sheep in front of them. They thought, "If we follow the sheep in front, everything will be fine!"

But what if the sheep at the front accidentally fell into a hole? The sheep following behind might see the first sheep fall and end up falling into the same hole without knowing it! That's why sometimes people say that someone is like a sheep if they follow others without thinking.

We need to be careful about who we follow. Jesus said that if someone who is lost follows another lost person, both might end up in trouble. It's important to follow someone who can guide us on the right path, like a good shepherd.

So, always choose to follow someone who leads us in the right direction, just like the sheep need to follow a good shepherd.

25번째 이야기: 리더 양과 목자의 종소리

[히브리서 13:17]
너희를 인도하는 자들에게 순종하고 복종하라
그들은 너희 영혼을 위하여 경성하기를 자신들이 청산할 자인
것 같이 하느니라 그들로 하여금 즐거움으로 이것을 하게 하고
근심으로 하게 하지 말라 그렇지 않으면 너희에게 유익이 없느니라

    옛날에 아주 큰 사막에 베두인이라고 불리는 사람들이 살고 있었어요. 이 사람들은 나귀를 타고 다니면서 양과 염소를 돌보았어요. 나귀는 귀여운 종을 목에 달고 있어서, 나귀가 움직일 때마다 종소리가 짤랑짤랑 울렸어요. 그 소리를 들은 양들은 나귀를 따라갔답니다.

    어느 날, 한 베두인이 양과 염소들을 돌보는 모습을 보았어요. 그는 양과 염소들이 종소리를 듣고 따라가는 것을 알게 되었죠. 그런데 그중에서 한 마리 양의 목에도 종이 달려 있었어요. 그 양이 앞장서서 길을 인도하면 다른 양들이 그 양을 따라갔어요. 그래서 그 양을 "리더 양"이라고 부르기로 했어요.

    리더 양은 다른 양들을 이끌며 길을 잘 찾아다녔어요. 하지만, 이 양이 자기가 목자라고 착각하면 큰일이 난답니다. 왜냐하면, 양은 양이고, 목자는 목자니까요. 양은 목자가 없으면 길을 잃어버리게 되니까, 항상 목자의 돌봄이 필요해요.

    리더 양이 다른 양들을 이끌 때도, 목자가 지켜보면서 길을 안내해 줘야 해요. 그래서 리더 양도 목자의 말을 잘 들어야 하고, 다른 양들은 리더 양을 잘 따라야 안전하게 다닐 수 있어요.

    마치 우리도 어렸을 때 부모님의 보호를 받으면서 자라고, 언제나 부모님의 사랑과 돌봄이 필요하듯이, 양들도 항상 목자의 돌봄이 필요한 거예요. 리더 양은 다른 양들을 잘 이끌어 주지만, 결국 목자가 제일 중요하다는 걸 잊지 말아야 해요.

25th Story: The Leader Sheep & the Shepherd's Bell

[Hebrews 13:17]
Obey your leaders and submit to them, for they are keeping watch over your souls, as those who will have to give an account. Let them do this with joy and not with groaning, for that would be of no advantage to you

A long time ago, in a big desert, there were people called Bedouins. They traveled on donkeys and took care of their sheep and goats. Each donkey wore a little bell around its neck, which jingled every time the donkey moved. The sheep followed the sound of the bell.

One day, a Bedouin noticed that the sheep and goats followed the sound of the bell. He saw that one of the sheep had a bell around its neck too. This special sheep led the others, and they followed wherever it went. They decided to call this sheep the "Leader Sheep."

The Leader Sheep helped guide the other sheep, but it was important to remember that the Leader Sheep was still just a sheep. It needed the shepherd to stay safe and find the right way. Without the shepherd, the sheep might get lost.

Even when the Leader Sheep was guiding the others, the shepherd had to keep an eye on them and show them the right path. The Leader Sheep needed to listen to the shepherd, and all the other sheep needed to follow the Leader Sheep carefully to stay safe.

Just like how we need our parents' love and care as we grow up, the sheep always need the shepherd's care. The Leader Sheep helps guide the flock, but the shepherd is the most important one of all.

26번째 이야기: 잃어버린 양을 찾아요

[에스겔 34:12]
목자가 양 가운데에 있는 날에 양이 흩어졌으면
그 떼를 찾는 것 같이 내가 내 양을 찾아서
흐리고 캄캄한 날에 그 흩어진 모든 곳에서 그것들을 건져낼지라

옛날에 한 목자가 100마리의 양을 돌보고 있었어요. 목자는 양들을 아주 잘 돌봐서 양들도 목자를 정말 좋아했어요. 목자는 여러 마리의 양을 돌보는 데 익숙했기 때문에, 100마리의 양은 혼자 돌보기에 딱 좋은 숫자였답니다.

목자는 매일매일 양들의 숫자를 세었어요. "하나, 둘, 셋, … 열, 아흔아홉, 백!" 이렇게 양들을 잘 세어야 한 마리라도 사라지지 않도록 할 수 있었어요. 왜냐하면, 양이 혼자 남아 있으면 길을 잃어버리거나 위험한 곳에 갈 수 있거든요.

어느 날, 목자가 양들을 세고 있는데, 깜짝 놀랄 일이 일어났어요. 한 마리가 없어진 거예요! 목자는 바로 양을 찾아 나섰어요. "꼭 찾아야 해!" 목자는 해가 지기 전에 그 양을 찾아야 했어요. 밤이 되면 양이 더 위험해질 수 있었거든요.

목자는 깊은 산과 높은 언덕을 넘어가며 잃어버린 양을 찾았어요. 마침내, 목자는 멀리서 양 한 마리를 발견했어요. 양은 목자를 보고 반가워하며 뛰어왔어요. 목자는 양을 꼭 안아 주고, 안전하게 다시 집으로 데려왔어요.

목자는 양 한 마리도 정말 소중하게 여겼어요. 그래서 잃어버린 양을 다시 찾았을 때 너무너무 기뻤답니다. 이제 모든 양이 다시 함께 모여서 행복하게 살았답니다.

26th Story: Finding the Lost Sheep

[Ezekiel 34:12]

As a shepherd seeks out his flock when he is among his sheep that have been scattered, so will I seek out my sheep, and I will rescue them from all places where they have been scattered on a day of clouds and thick darkness

A long time ago, there was a shepherd who took care of 100 sheep. The shepherd was very good at looking after the sheep, and the sheep loved him very much. He was so used to taking care of many sheep that 100 was just the right number for him to manage on his own.

Every day, the shepherd counted his sheep. "One, two, three, ten, ninety-nine, one hundred!" He counted carefully to make sure that none of the sheep were missing. If a sheep is alone, it might get lost or go to a dangerous place.

One day, as the shepherd was counting his sheep, something surprising happened. One sheep was missing! The shepherd immediately went out to find it. "I must find it!" he said. He needed to find the sheep before it got dark because it would be even more dangerous at night.

The shepherd climbed over deep mountains and high hills to search for the lost sheep. Finally, he saw the missing sheep from a distance. The sheep was happy to see the shepherd and ran towards him. The shepherd gave the sheep a big hug and took it safely back home.

The shepherd cared so much about each and every sheep. He was so happy to find the lost sheep and bring it back. Now, all the sheep were together again, and they lived happily ever after.

27번째 이야기: 예수님의 품에 안긴 양

[신명기 1:31]
**광야에서도 너희가 당하였거니와 사람이 자기의 아들을 안는 것 같이
너희의 하나님 여호와께서 너희가 걸어온 길에서 너희를 안으사
이곳까지 이르게 하셨느니라 하나**

 옛날에 100마리의 양을 돌보는 목자가 있었어요. 이 목자는 양들을 무척 사랑하며 항상 안전하고 행복하게 돌봐 주었어요. 양들도 목자를 아주 사랑했어요. 왜냐하면 목자가 언제나 그들을 따뜻하게 보살펴 주었기 때문이에요.

 가끔 양이 너무 지쳐 길을 잃을 때도 있었어요. 그럴 때면 목자는 지체 곧바로 그 양을 찾아 나섰고, 발견하면 조심스럽게 어깨에 메고 집으로 데려왔어요. 양들이 무겁거나 때로는 냄새가 날 수도 있었지만, 목자는 신경 쓰지 않았어요. 오직 사랑하는 양을 무사히 집으로 데려오는 것이 가장 중요했거든요.

 그런데 어느 날, 나사렛이라는 곳의 한 마을을 방문한 한 사람이 있었어요. 그분은 갓 태어난 어린양을 품에 안고 조용히 눈물을 흘렸어요. 왜일까요? 바로 예수님께서 우리를 얼마나 깊이 사랑하시는지를 떠올리며 감동했기 때문이에요.

 이처럼 예수님은 우리가 지치고 힘들 때 언제나 우리를 품어 주시고 돌봐 주시는 선한 목자세요. 우리가 너무 지쳐 더 이상 걸을 수 없을 때도 예수님은 우리를 품에 안고 걸어가세요. 또한 우리가 어려움을 겪을 때조차 결코 홀로 두지 않으시고, 오히려 가장 힘들고 지칠 때 더욱 따뜻하게 안아 주신답니다.

 하나님은 우리가 힘들어할 때 우리를 채찍으로 때리거나 억지로 끌고 가지 않으세요. 대신 사랑으로 우리를 들어 올리시고, 어깨에 메고 걸어가세요. 하나님께서 우리를 사랑으로 안아 주시기 때문에 우리는 언제나 안전하게 길을 갈 수 있는 거예요.

 이와 같이 우리가 길을 잃거나 너무 지쳐 힘들 때도, 예수님께서 항상 우리를 품어 주시고 안전하게 지켜 주신다는 것을 기억해요. 선한 목자이신 예수님은 언제나 우리와 함께하시며, 크신 사랑으로 우리를 돌봐 주신답니다!

27th Story: The Sheep in the Arms of Jesus

[Deuteronomy 1:31]

In the wilderness, where you have seen how the Lord your God carried you, as a man carries his son, all the way that you went until you came to this place

A long time ago, there was a shepherd who took care of his 100 sheep. The shepherd loved his sheep very much and made sure they were always safe and happy. The sheep loved the shepherd too because he took great care of them.

Sometimes, a sheep would get tired and lost. When this happened, the shepherd would carry the sheep on his shoulders to bring it back home. Even though the sheep were heavy and might smell a bit, the shepherd didn't mind. He loved each one of them.

One day, someone visited a village called Nazareth and saw a shepherd holding a little lamb in his arms. This person cried tears of joy because they were touched by how much Jesus loves us. Just like the shepherd who carefully holds his sheep, Jesus takes care of us with love.

When we are tired and can't walk anymore, Jesus carries us like a loving shepherd. He doesn't leave us alone when we are struggling. Even when things are very hard, Jesus holds us close and helps us.

God doesn't push us or drag us when we're having a tough time. Instead, He lifts us and carries us gently. Because of God's loving care, we can walk safely and feel secure. Just like the shepherd who finds his lost sheep and carries it home, Jesus always watches over us and loves us.

So remember, whenever we feel lost or tired, Jesus is there to carry us and keep us safe. Just like that loving shepherd, Jesus is always with us, taking care of us with a big, warm hug.

제5부

의의 길로 인도하시는도다

CHAPTER 5

THE PATH OF RIGHTEOUSNESS

28번째 이야기: 하나님이 인도하시는 의의 길

[시편 23:3]
의의 길로 인도하시는도다

"의의 길"이라는 말은 우리가 가야 할 안전한 길을 뜻해요.

양들이 산에 올라갈 때, 가파른 길을 힘들게 바로 올라가지 않고, 구불구불한 길로 천천히 올라가요. 이렇게 하면 더 안전하고 덜 힘들거든요. 내려올 때도 마찬가지예요. 똑바로 내려오면 미끄러질 수 있어서, 구불구불한 길로 천천히 내려오는 게 더 안전해요. 그래서 이런 길을 "의의 길"이라고 부른답니다.

양들을 돌보는 목자는 항상 양들이 안전한 길로 갈 수 있도록 "의의 길"로 인도해요. 이렇게 하면 양들이 다치지 않고 안전하게 길을 갈 수 있거든요.

우리도 때로는 빨리 가고 싶지만, 하나님은 때로는 돌아가더라도 안전한 길로 우리를 이끌어 주세요. 이 길이 바로 "의의 길"이에요. 하나님은 우리가 잘못된 길로 가지 않고, 가장 안전한 길로 갈 수 있도록 도와주시는 분이세요.

우리가 예수님의 말씀을 잘 따라가면, 우리는 올바른 길을 가고 있는 거예요. 이 길이 바로 "의의 길"이에요. 안전하고, 우리에게 가장 좋은 길이랍니다!

28th Story: God's Righteousness Path

[Psalm 23:3]
He leads me in paths of righteousness

When we talk about the "right path," we mean a safe way to go.

Imagine sheep climbing a mountain. Instead of going straight up the steep path, they take a winding path that goes slowly and gently. This makes it safer and easier for them. When they come down, they follow the winding path again to avoid slipping. This winding path is called the "right path."

The shepherd always guides the sheep along the "right path" to keep them safe. By following this path, the sheep stay safe and don't get hurt.

Sometimes, we want to go quickly, but God shows us the best way, even if it takes a bit longer. This special path is the "right path." God helps us stay on the safest path and keeps us from making mistakes.

When we listen to Jesus and follow His teachings, we are walking on the "right path." This path is safe and is the best way for us. So remember, the "right path" is the safest and most wonderful path to follow!

29번째 이야기: 예수님과 함께 가는 안전한 길

[요한복음 14:6]
내가 곧 길이요 진리요 생명이니
나로 말미암지 않고는 아버지께로 올 자가 없느니라

옛날에 푸른 초원에 많은 양이 살고 있었어요. 양들은 귀엽고 사랑스러웠지만, 한 가지 문제가 있었어요. 바로, 어디로 가야 할지 잘 몰랐다는 거예요. 양들은 앞에 있는 풀만 보고 가다가 길을 잃고 말곤 했어요. 그래서 항상 목자가 필요했어요.

양들을 돌보는 목자는 어디로 가야 할지 잘 알고 있었어요. 어디에 맛있는 풀밭이 있는지, 어디에 시원한 물이 있는지 잘 알고 있었답니다. 목자는 양들에게 길을 알려 주고, 안전하게 인도해 주었어요. 그래서 양들은 목자를 잘 따르기만 하면 되었답니다.

그런데 양들은 시력이 좋지 않아서 15미터 정도밖에 보지 못해요. 그래서 목자가 앞에 있어도, 양들은 잘 보지 못하고 눈앞에 있는 풀만 보게 되었어요. 그러다 보면 가끔 위험한 곳으로 갈 수도 있어요. 그래서 양들은 목자의 목소리를 잘 들어야 했어요.

목자가 "이쪽으로 오거라!"라고 하면, 양들은 그 목소리를 듣고 따라가야 안전하게 다닐 수 있었어요. 이렇게 목자는 양들이 안전하게 다닐 수 있도록 항상 길을 알고 있었답니다.

옛날에 하나님께서는 모세라는 멋진 지도자를 이스라엘 사람들을 이끄는 목자처럼 세워 주셨어요. 모세는 아주 오랜 시간 동안 광야에서 길을 찾으며 살았기 때문에, 광야에서 어디로 가야 할지 잘 알고 있었어요. 그래서 모세는 이스라엘 사람들을 광야에서 안전하게 이끌 수 있었답니다.

하지만, 하나님께서는 가나안이라는 새로운 땅으로 들어갈 때는 여호수아라는 다른 지도자를 준비해 두셨어요. 여호수아는 가나안 땅을 미리 탐험해 본 적이 있어서, 그곳에 대해 잘 알고 있었어요. 그래서 하나님께서는 여호수아가 새로운 지도자가 되어 이스라엘 사람들을 가나안으로 이끌도록 하셨답니다.

우리도 이 양들처럼 어디로 가야 할지 모를 때가 있어요. 그럴 때마다 우리를 안전하게 인도해 주시는 목자, 바로 예수님을 따라가야 해요. 예수님은 우리에게 "내가 길이요, 진리요, 생명이니 나를 따라오라"라고 말씀하셨어요. 예수님을 따라가면 절대로 길을 잃지 않고, 안전하게 갈 수 있답니다.

우리 모두 예수님의 목소리를 잘 듣고, 예수님을 따라가기로 해요!

29th Story: The Safe Path with Jesus

[John 14:6]

**I am the way, and the truth, and the life.
No one comes to the Father except through me**

A long time ago, many sheep lived on a green meadow. The sheep were cute and sweet, but they had one big problem: they didn't always know where to go. They often got lost because they only followed the grass right in front of them. That's why they always needed a shepherd.

The shepherd knew exactly where to take the sheep. He knew where the tasty grass and the cool water were. The shepherd led the sheep safely and showed them the right way. The sheep just needed to follow him to be safe.

But, sheep don't see very well. They can only see about 15 meters ahead. So even if the shepherd was right in front of them, the sheep couldn't always see him clearly. They might end up in dangerous places if they only looked at the grass in front of them. That's why they had to listen carefully to the shepherd's voice.

When the shepherd called out, "Come this way!" the sheep had to listen and follow his voice to stay safe. The shepherd always knew the right path to keep the sheep safe.

A long time ago, God chose a wonderful leader named Moses to be like a shepherd for the people of Israel. Moses knew the wilderness very well because he had spent a long time there. So he could lead the people safely through the desert.

But when it was time to enter a new land called Canaan, God had another leader ready. His name was Joshua. Joshua had explored Canaan before and knew all about it. So God chose Joshua to be the new leader and guide the people into Canaan.

Sometimes, like the sheep, we might not know where to go. When that happens, we need to follow our good shepherd, Jesus. Jesus said, "I am the way, the truth, and the life. Follow me." If we follow Jesus, we will never get lost and will always be safe.

Let's listen carefully to Jesus' voice and follow Him every day!

제6부

사망의 음침한 골짜기로 다닐지라도,
해를 두려워하지 않을 것은
주께서 나와 함께하심이라

CHAPTER 6

THE VALLEY OF
THE SHADOW OF DEATH

30번째 이야기: 무서운 골짜기를 지나 더 좋은 곳으로

[이사야 43:2]
**네가 물 가운데로 지날 때에 내가 너와 함께 할 것이라
강을 건널 때에 물이 너를 침몰하지 못할 것이며
네가 불 가운데로 지날 때에 타지도 아니할 것이요
불꽃이 너를 사르지도 못하리니**

옛날에 다윗이라는 사람이 있었어요. 다윗은 처음엔 그냥 평범한 목동이었어요. 양들을 돌보며 조용히 지내던 다윗은 나중에 이스라엘의 왕이 되었답니다. 하지만, 다윗의 인생은 왕이 되는 것처럼 쉽지 않았어요.

다윗은 많은 전쟁을 치러야 했어요. 전쟁이 끝나면 또 전쟁이 있었고, 또다시 전쟁이 있었어요. 언제 죽을지 모르는 위험한 상황이 계속되었어요. 그리고 다윗은 10년 넘게 사울 왕에게 쫓기며 도망 다녀야 했어요. 얼마나 무섭고 힘들었을까요?

다윗은 "내가 사망의 음침한 골짜기로 다닐지라도"라고 말했어요. 정말로 다윗은 무섭고 어두운 길을 많이 지나왔답니다. 그런데 왜 다윗이 그런 길을 지나가야 했을까요? 그 이유는 다윗을 돌보시는 하나님께서 더 좋은 곳으로 인도해 주시기 위해서였어요.

예루살렘 근처에는 험하고 무서운 골짜기가 있어요. 낮에도 어두워서 무섭고 위험한 짐승들이 숨어 있을 수 있는 그런 곳이에요. 양들이 그런 곳을 지나가면 얼마나 무서울까요? 하지만, 양을 돌보는 목자는 양들에게 맛있는 풀을 먹이기 위해 그런 길을 지나가야 해요. 더 좋은 풀밭으로 가기 위해서 골짜기를 통과하는 것이랍니다.

양들은 한곳에 오래 머무르길 좋아하지만, 목자는 양들을 더 좋은 곳으로 데려가기 위해 계속 이동해야 해요. 양들이 익숙한 곳에만 머물면 나중에는 먹을 풀이 다 없어져요. 그래서 목자는 양들을 데리고 새로운 풀밭으로 이동해요.

우리를 돌보시는 하나님도 우리가 더 좋은 곳으로 가도록 인도하세요. 때로는 우리가 싫어하고 무서워하는 길을 지나야 할 때도 있지만, 그 길 끝에는 더 좋은 곳이 기다리고 있답니다. 지금보다 더 행복한 미래가 우리를 기다리고 있어요. 다윗처럼 우리도 하나님을 믿고 따르면, 더 좋은 풀밭과 물가로 인도받을 수 있을 거예요.

30th Story: Through the Scary Valley

[Isaiah 43:2]

When you pass through the waters, I will be with you; and through the rivers, they shall not overwhelm you; when you walk through fire you shall not be burned, and the flame shall not consume you

A long time ago, there was a man named David. At first, David was just a regular shepherd who took care of his sheep. He lived quietly and peacefully, but later, he became the king of Israel! However, David's journey to becoming a king was not easy.

David had to go through many battles. There were always more battles, one after another. He lived in danger, not knowing what would happen next. For more than ten years, David had to run and hide from King Saul, who was trying to catch him. It was a very scary and difficult time.

David once said, "Even though I walk through the valley of the shadow of death." David really did walk through many scary and dark places. But why did David have to go through such tough times? It was because God, who takes care of David, was leading him to a better place.

Near Jerusalem, there are dark and scary valleys. Even during the day, they are dark and dangerous because wild animals might be hiding there. Imagine how scary it would be for the sheep to walk through such a place! But the shepherd has to take the sheep through these valleys to find better pastures with tasty grass.

Sheep like to stay in one place, but the shepherd needs to keep moving to find new and better places for them. If the sheep stay where they are, the grass will eventually run out. So, the shepherd guides them to fresh pastures.

Just like that, God guides us to better places. Sometimes we have to go through paths that seem scary or we don't like, but at the end of those paths, something better is waiting for us. A happier future is ahead. Like David, if we trust and follow God, He will lead us to good and beautiful places.

31번째 이야기: 다윗의 지팡이와 안전한 길

[시편 27:1]
**여호와는 나의 빛이요 나의 구원이시니
내가 누구를 두려워하리요
여호와는 내 생명의 능력이시니
내가 누구를 무서워하리요**

다윗이 많은 양을 돌보던 목동이었을 때, 그날에도 많은 양을 데리고 산에서 내려와야 하는 시간이 되었어요. 해가 지고 나니 산 아래로 내려가는 길이 점점 어두워졌어요. 어두운 골짜기를 지나가야 하는데, 그곳은 조금 무섭고 위험할 수 있었어요. 왜냐하면, 그곳에는 어두운 그림자가 가득해서, 어디서 위험한 짐승들이 튀어나올지 모르기 때문이에요.

하지만, 다윗은 용감하게 양들을 데리고 어두운 골짜기를 걸어갔어요. 왜냐하면, 다윗에게는 튼튼한 지팡이와 막대기가 있었기 때문이에요. 이 지팡이와 막대기로 다윗은 양들을 지키고 보호할 수 있었어요.

양들도 다윗을 믿고 따랐어요. 그리고 다윗은 그들과 함께하시는 하나님에 대해 고백했어요.

"내가 비록 죽음의 그늘 골짜기로 다닐지라도, 주께서 나와 함께 계시고, 주의 지팡이와 막대기로 나를 위로해 주시니, 내게는 두려움이 없습니다."

다윗은 하나님이 빛이 되어서 어두운 곳에서도 함께해 주신다고 믿었어요. 그래서 어두운 그림자도 사라지고, 무서운 일도 없었답니다. 다윗과 양들은 무사히 어두운 골짜기를 지나서, 안전하게 집으로 돌아갈 수 있었어요.

다윗은 항상 하나님이 함께해 주셔서, 아무리 어두운 곳에서도 두려워하지 않을 수 있었답니다.

31st Story: David's Staff and the Safe Path

[Psalm 27:1]
**The Lord is my light and my salvation;
whom shall I fear?
The Lord is the stronghold of my life;
of whom shall I be afraid?**

A long time ago, when David was a shepherd, he had to take his many sheep down the mountain. As the sun set, the path down the mountain became darker and darker. They had to go through a dark valley that could be a little scary and dangerous. It was dark and shadowy, and there might be wild animals hiding.

But David was very brave. He led his sheep through the dark valley with his strong staff and rod. These tools helped David keep his sheep safe and protect them.

The sheep trusted David and followed him. David said to them, "Even though I walk through the valley of the shadow of death, I will fear no evil, for you are with me; your rod and your staff, they comfort me."

David believed that God was like a light, shining even in the dark. Because of this, the shadows and scary things disappeared. David and his sheep safely passed through the dark valley and made it back home without any trouble.

David always knew that God was with him. No matter how dark or scary things seemed, he wasn't afraid because he trusted in God's protection.

32번째 이야기: 밤을 지키는 목자와 하나님의 사랑

[신명기 31:6]
**너희는 강하고 담대하라 두려워하지 말라 그들 앞에서 떨지 말라
이는 네 하나님 여호와 그가 너와 함께 가시며 결코 너를
떠나지 아니하시며 버리지 아니하실 것임이라**

양들이 많이 나오는 그림을 본 적이 있나요? 그런데 양들만 있는 그림은 별로 없어요. 왜냐하면, 양들은 목자 없이는 살기 힘들기 때문이에요. 양들은 혼자서 먹을 것도 찾기 어려워요. 그래서 목자는 항상 양들 옆에 있어야 해요. 목자가 양을 떠나면 양은 길을 잃고, 위험한 짐승에게 잡아먹히거나 굶어 죽을 수도 있어요. 그래서 목자는 양들을 지키기 위해 항상 같이 있어요.

예수님이 태어나신 날 밤, 예수님이 태어나신 소식이 들판에서 양을 지키던 목자들에게 먼저 전해졌어요. 그 목자들은 밤에도 자지 않고 양들을 지키고 있었어요. 왜냐하면, 밤에 늑대나 다른 위험한 짐승들이 나타나서 양들을 잡아갈 수 있기 때문이에요. 그래서 목자들은 밤에도 잠을 자지 않거나 한눈을 뜨고 자야 했어요.

양들은 목자가 옆에 있을 때 가장 안심해요. 위험한 짐승이 눈앞에 있어도 목자가 옆에 있으면 양들은 겁내지 않아요. 예수님도 우리를 지키는 목자처럼 우리와 함께 있어 주세요. 그래서 우리는 아무리 무서운 일이 있어도 겁내지 않고 안심할 수 있어요. 하나님은 이스라엘 백성을 광야에서 목자처럼 인도하셨어요. 그분은 구름 기둥과 불기둥으로 앞서가며 이스라엘 백성을 인도하셨어요. 그분의 발자국을 따라가며, 하나님이 함께하신다는 것을 알 수 있었어요.

밤이 되면 온 세상이 어두워지죠. 하지만, 사실은 하나님이 어둠 속에서도 우리를 안고 계세요. 우리가 어둠 속에 있을 때도 하나님은 우리를 사랑으로 감싸주시고, 평안과 안식을 주시며, 우리 곁에서 함께하신답니다. 그러니까 어둠이 와도 걱정하지 마세요. 하나님은 언제나 우리와 함께 계시니까요.

32nd Story: The Night Watch with God

[Deuteronomy 31:6]
Be strong and courageous. Do not fear or be in dread of them, for it is the Lord your God who goes with you. He will not leave you or forsake you

Have you ever seen a picture with lots of sheep? You don't often see pictures with just sheep alone. That's because sheep need a shepherd to take care of them. Sheep find it hard to look after themselves, even finding food. That's why a shepherd has to be with them all the time. If the shepherd leaves, the sheep might get lost, or even worse, they could be eaten by wild animals or starve. So, the shepherd stays close to keep them safe.

On the night Jesus was born, the very first people to hear about it were the shepherds who were watching their sheep in the fields. These shepherds stayed awake at night to keep their sheep safe. They knew that wolves or other dangerous animals could come and hurt their sheep, so they stayed alert and kept watch.

Sheep feel safest when their shepherd is close. Even if a scary animal appears, the sheep aren't afraid as long as the shepherd is nearby. Jesus is like a shepherd to us as well. He stays with us and keeps us safe, no matter what. So, even if we face something scary, we don't need to be afraid.

A long time ago, God led the people of Israel through the desert like a shepherd. He guided them with a cloud during the day and a fire at night. By following these signs, the people knew God was with them.

When night falls, everything becomes dark. But even in the darkness, God is still with us. He wraps us in His love, gives us peace, and stays by our side. So don't worry when it gets dark. God is always with us, keeping us safe and sound.

제7부

주의 지팡이와 막대기가 나를 안위하시나이다

CHAPTER 7

ROD AND STAFF

33번째 이야기: 모세의 지팡이와 하나님의 도움

[시편 139:9-10]
내가 새벽 날개를 치며 바다 끝에 가서 거주할지라도
거기서도 주의 손이 나를 인도하시며
주의 오른손이 나를 붙드시리이다

옛날에 모세라는 사람이 있었어요. 모세는 양을 돌보는 일을 하고 있었어요. 그는 미디안이라는 곳의 광야에서 양을 돌보고 있었죠. 어느 날, 모세는 이상한 장면을 보게 되었어요. 가시 떨기나무에 불이 붙어 있었지만, 나무는 타지 않았어요! 모세는 가까이 가서 보았어요. 그때 하나님께서 모세에게 말씀하셨어요.

하나님은 모세에게 "모세야, 네가 들고 있는 지팡이를 땅에 던져 보렴"이라고 하셨어요. 모세는 하나님 말씀대로 지팡이를 땅에 던졌어요. 그런데 놀라운 일이 일어났어요! 그 지팡이가 뱀이 되었어요! 마른나무 막대기였던 지팡이가 뱀으로 변해서 꿈틀꿈틀 기어가고 있었어요.

그 지팡이는 어떤 지팡이였을까요? 맞아요, 모세가 양을 돌볼 때 항상 가지고 다니던 목자의 지팡이였어요. 목자들은 양을 돌볼 때 지팡이를 꼭 가지고 다녀요. 그 지팡이로 돌을 치거나, 길을 만들고, 때로는 양들을 바른길로 인도하기도 해요.

모세는 이 지팡이 하나로 많은 놀라운 일을 했어요. 예를 들어, 이 지팡이로 바다를 가르고, 물이 나오게 하고, 이스라엘 백성을 도왔어요. 이 지팡이는 하나님께서 주신 특별한 도구였어요.

우리도 때로는 어려운 상황에 빠질 때가 있어요. 그럴 때 하나님은 우리를 도와주시고, 우리를 안전한 곳으로 인도해 주세요. 마치 모세의 지팡이가 양을 도와준 것처럼요. 하나님은 언제나 우리를 사랑하시고, 우리가 도움이 필요할 때 항상 도와주실 거예요.

33rd Story: Moses' Staff and God's Help

[Psalm 139:9-10]

If I take the wings of the morning and dwell in the uttermost parts of the sea, even there your hand shall lead me, and your right hand shall hold me

A long time ago, there was a man named Moses. Moses was a shepherd who took care of sheep in the desert of Midian. One day, Moses saw something very strange. There was a bush that was on fire, but the bush was not burning up! Moses went closer to see what was happening. That's when God spoke to him.

God said to Moses, "Moses, throw your staff on the ground." Moses did just as God told him. And guess what? Something amazing happened! The staff turned into a snake! The wooden staff that Moses used every day was now a wriggling snake on the ground.

What kind of staff was this? That's right, it was the same shepherd's staff Moses always used while taking care of his sheep. Shepherds always carry a staff. They use it to help guide the sheep, move rocks, and clear paths.

Moses did many wonderful things with this staff. For example, he used it to part the sea, make water come from a rock, and help the people of Israel. This staff was a special tool that God gave him.

Sometimes, we might find ourselves in difficult situations. When that happens, God helps us and leads us to safety, just like Moses' staff helped the sheep. God loves us always and will help us whenever we need it. Just like Moses could do amazing things with his staff, we can trust that God is with us, guiding and helping us every day.

34번째 이야기: 목자의 막대기와 예수님의 사랑

[시편 23:4]
내가 사망의 음침한 골짜기로 다닐지라도
해를 두려워하지 않을 것은 주께서 나와 함께 하심이라
주의 지팡이와 막대기가 나를 안위하시나이다

목자는 양들을 위해 아주 특별한 도구들을 사용했어요. 멀리서 위험한 짐승이 나타나면 목자는 물매를 사용해서 짐승을 쫓아내요. 하지만, 짐승이 가까이 다가오면, 목자는 막대기를 사용했어요.

이 막대기는 나무뿌리로 만들었는데, 약 40센티미터 정도로 길지 않아요. 하지만, 아주 단단해서 목자가 양들을 보호하는 데 큰 도움이 된답니다. 양들을 가장 많이 위협하는 것은 뱀이에요. 하이에나나 늑대는 쉽게 보이지만, 뱀은 땅을 슬금슬금 기어다녀서 잘 보이지 않아요. 그래서 목자는 양들을 뱀으로부터 보호하기 위해 항상 조심해요. 만약 뱀이 나타나면, 목자는 막대기로 뱀을 후려쳐서 죽여요. 이렇게 목자는 양들을 안전하게 지켜줘요.

뱀이 양들에게 위협을 가하듯이, 사탄도 사람들을 위협해요. 그러나 예수님은 십자가로 사탄을 물리치셨어요. 그래서 우리는 사탄을 두려워하지 않아도 돼요. 양들이 목자의 막대기를 보면 안심할 수 있는 것처럼, 우리도 예수님의 사랑으로 안전하다고 느낄 수 있답니다.

때로는 양이 무리에서 멀리 떨어지면 목자는 막대기를 던져서 양이 놀라게 하고, 무리로 돌아오게 해요. 양이 자꾸 길을 벗어나면, 목자는 막대기로 양을 가르쳐요. 만약 양의 다리가 부러진다면, 목자는 양을 돌보며 회복될 때까지 특별히 관심을 가져 줘요. 이렇게 목자는 양을 사랑하기 때문에 때로는 혼을 내기도 하고, 돌봐 주기도 해요.

우리도 하나님께서 우리를 사랑하신다는 것을 알고 있어요. 때로는 우리가 잘못된 길로 갈 때 하나님께서 바로잡아 주시고, 다시는 그런 길로 가지 않도록 도와주세요. 그리고 하나님과 더 가까워지도록 해 주신답니다.

34th Story: The Shepherd's Rod and Jesus' Love

[Psalm 23:4]

Even though I walk through the valley of the shadow of death, I will fear no evil, for you are with me; your rod and your staff, they comfort me

A shepherd has special tools to keep the sheep safe. When dangerous animals come from far away, the shepherd uses a sling to chase them away. But when the animals get close, the shepherd uses a special stick.

This stick is made from a tree root and is about 16 inches long. It's not very big, but it's very strong and helps the shepherd protect the sheep. The biggest threat to the sheep is often a snake. While hyenas and wolves are easy to see, snakes slither quietly on the ground and can be hard to spot. That's why the shepherd must always be careful to keep the sheep safe from snakes. If a snake shows up, the shepherd uses the stick to hit the snake and keep it away. The stick helps the shepherd keep the sheep safe.

Just like the shepherd protects the sheep from snakes, Jesus protects us from danger. Jesus defeated Satan on the cross, so we don't need to be afraid of him. Just as the sheep feel safe when they see the shepherd's stick, we can feel safe knowing Jesus loves us and protects us.

Sometimes, if a sheep strays too far from the flock, the shepherd might use the stick to gently guide it back. If a sheep keeps wandering off, the shepherd uses the stick to help it find its way. And if a sheep gets hurt, the shepherd takes extra care to help it heal. The shepherd loves the sheep and takes good care of them, even if it means correcting them or looking after them closely.

We know that God loves us too. Sometimes when we go the wrong way, God helps us find the right path and guides us back to Him. God helps us get closer to Him and keeps us safe, just like the shepherd does for his sheep.

35번째 이야기: 다윗의 물매 돌과 골리앗의 대결

[사무엘상 17:45]
다윗이 블레셋 사람에게 이르되
너는 칼과 창과 단창으로 내게 나아 오거니와
나는 만군의 여호와의 이름 곧 네가 모욕하는
이스라엘 군대의 하나님의 이름으로 네게 나아가노라

옛날에 전쟁할 때, 양쪽의 대장들이 나와서 1대 1로 싸워서 이기면 전쟁에서 승리하는 일이 있었어요. 성경 이야기에서 다윗과 골리앗의 대결도 이런 싸움이었어요. 다윗은 어린 목동이었어요. 열다섯 살 정도로, 골리앗이 보기에는 아직 어리고 약한 아이였어요. 전쟁터에서 싸운 경험도 없었고, 무기나 갑옷도 없었어요.

그런데 다윗은 무엇을 믿고 골리앗과 싸우겠다고 했을까요?

다윗은 자신이 골리앗을 이길 수 있다고 믿었어요. 왜냐하면, 다윗은 양을 지키기 위해서 물매 돌 던지는 연습을 아주 열심히 했거든요. 다른 목동들이 쉬고 있을 때, 다윗은 계속해서 물매 돌 던지기를 연습했어요. 이렇게 해서 다윗은 물매 돌을 아주 잘 던지게 되었답니다.

물매 돌은 그냥 장난감이 아니었어요. 고대 시대에는 물매 돌이 중요한 무기였어요. 물매 돌은 200미터나 멀리 있는 목표를 정확하게 맞출 수 있었고, 심지어 400미터까지 날아갈 수도 있었어요. 그리고 화살보다 더 강한 힘을 가졌답니다.

다윗은 물매 돌 던지기를 잘해서 양들을 지킬 수 있었어요. 그리고 나중에는 그 물매 돌로 나라를 구하기도 했답니다. 다윗처럼 여러분도 자신만의 '물매 돌'을 가져야 해요. 그리고 그 물매 돌을 잘 사용할 수 있도록 연습해야 해요. 그래야 여러분에게 맡겨진 중요한 일을 잘 해낼 수 있을 거예요.

35th Story: David's Sling and the Giant

[1 Samuel 17:45]

Then David said to the Philistine, You come to me with a sword and with a spear and with a javelin, but I come to you in the name of the Lord of hosts, the God of the armies of Israel, whom you have defied

A long time ago, when there were big battles, the leaders of each side would sometimes come out and fight one-on-one. If one leader won, his whole side would win the battle. This kind of fight was called a "duel." In the Bible, there's a story about a duel between a young boy named David and a giant warrior named Goliath.

David was just a young shepherd, around 15 years old. To Goliath, David looked like a small and weak child. David had never fought in a war before, and he didn't have any armor or weapons like the soldiers did. But still, David believed he could defeat Goliath. Do you know why?

David had faith that he could win because he practiced using a sling every day. A sling is a simple tool that throws small stones very fast. While other shepherds were resting, David was busy practicing. He became really good at hitting targets with his sling, even from far away.

The sling wasn't just a toy; it was a powerful weapon in those days. People could use it to hit targets as far as 200 meters away, and it was even stronger than a bow and arrow!

Thanks to his practice, David could protect his sheep from wild animals. And later, he used his sling to protect his whole country. Just like David, you need to find your special "sling" something you're good at, and practice it. That way, when something important comes your way, you'll be ready to do your best!

제8부

주께서 내 원수의 목전에서
내게 상을 차려 주시고

CHAPTER 8

PREPARING THE TABLE

36번째 이야기: 양들을 지키는 용감한 목자

[시편 121:7~8]
**여호와께서 너를 지켜 모든 환난을 면하게 하시며
또 네 영혼을 지키시리로다
여호와께서 너의 출입을 지금부터 영원까지 지키시리로다**

어느 마을에 양들이 살고 있었어요. 이 양들은 풀을 뜯어 먹고, 놀고, 잠을 자면서 하루를 보내곤 했지요. 하지만, 양들 주위에는 항상 위험이 숨어 있었어요. 하이에나 늑대 같은 위험한 짐승들이 멀리서 지켜보고 있었거든요. 그들은 양들을 해치기 위해 언제나 기회를 엿보고 있었어요.

양들이 깊고 어두운 골짜기를 지나갈 때는 특히 위험했어요. 골짜기는 어둡고 길이 험해서, 이리나 늑대가 숨어서 공격하기에 좋은 곳이었어요. 그래서 양들이 골짜기를 지날 때는 항상 조심해야 했어요. 양들이 목자와 가까이 있으면 안전하지만, 목자 곁에서 멀어지면 큰일이 날 수 있었어요.

양들이 골짜기를 무사히 지나 산꼭대기에서 푸른 풀밭에 도착했어요. 양들은 그곳에서 맛있는 풀을 뜯어 먹었어요. 그런데 저 멀리에서 늑대들이 여전히 양들을 지켜보고 있었어요. 하지만, 양들은 무서워하지 않았어요. 왜냐하면, 양들 곁에는 항상 목자가 있었거든요. 목자가 양들을 지켜 주고 있었으니까요.

어느 날, 목자가 잠깐 낮잠을 자고 있을 때, 표범이 조용히 와서 양들을 괴롭혔어요. 다음 날 아침, 목자는 양들을 보러 갔는데, 몇 마리는 상처가 나 있었고, 어떤 양은 털이 많이 빠져 있었어요. 목자는 표범을 직접 보지는 못했지만, 양들에게 나쁜 일이 생긴 걸 보니 분명 표범이 그랬다는 걸 알 수 있었어요.

이 이야기처럼 우리는 사탄을 직접 볼 수는 없지만, 우리 주변에서 나쁜 일이 일어나는 걸 보면 사탄이 나쁜 일을 꾸미고 있다는 걸 알 수 있어요.

양들이 새로운 풀밭에서 풀을 뜯어 먹고 있을 때, 하이에나가 저 멀리서 지켜보고 있었어요. 하이에나는 양들을 노려보았지만, 양들이 무서워하지 않았어요. 왜냐하면, 목자가 가까이 있었기 때문이에요. 하지만, 만약 양들이 목자 곁을 떠난다면, 하이에나에게 잡히고 말 거예요.

목자가 우리를 지켜 주고 있지만, 하이에나 늑대 같은 위험한 동물들이 여전히 우리를 노리고 있어요. 그래서 우리는 항상 목자 곁에서 안전하게 지내야 한답니다.

36th Story: The Brave Shepherd

[Psalm 121:7~8]
The Lord will keep you from all evil; he will keep your life. The Lord will keep your going out and your coming in from this time forth and forevermore

In a little village, there lived a group of sheep. They spent their days eating grass, playing, and resting. But even though life seemed peaceful, there was always danger nearby. Hyenas and wolves were watching the sheep from far away, waiting for a chance to hurt them.

The sheep were in the most danger when they had to walk through deep, dark valleys. The valleys were scary and full of places where wolves or hyenas could hide and attack. But when the sheep stayed close to their shepherd, they were safe. If they wandered too far away, they could get into big trouble.

One day, the sheep made it safely through a dark valley and reached the top of a mountain, where they found a beautiful green pasture. The sheep were so happy to eat the fresh, tasty grass there. But even though they were enjoying themselves, the wolves were still watching them from a distance. The sheep didn't feel scared because their shepherd was with them, protecting them.

One afternoon, while the shepherd took a short nap, a sneaky leopard crept up and hurt some of the sheep. The next morning, the shepherd noticed that a few sheep had been injured, and some had lost patches of their wool. Even though the shepherd didn't see the leopard, he knew it had been there because of the harm it caused. This is like how we can't see Satan, but we can see the bad things he tries to do.

As the sheep were grazing in a new field, a hyena was watching them from far away. The hyena wanted to catch the sheep, but the sheep weren't afraid because they knew their shepherd was close by. But if the sheep ever wandered away from the shepherd, the hyena would quickly catch them.

Just like the shepherd watches over the sheep, God is always watching over us. But there are still dangers, like the hyena and the wolf, waiting for us to stray. That's why we must stay close to our shepherd, who keeps us safe.

37번째 이야기: 아브라함의 소중한 손님들

[히브리서 13:2]
손님 대접하기를 잊지 말라
이로써 부지중에 천사들을 대접한 이들이 있었느니라

옛날에 아브라함이라는 노인이 있었어요. 어느 날 아브라함은 몹시 더운 날씨에 집 근처에서 쉬고 있었어요. 그런데 쉬고 있던 아브라함 앞에 갑자기 낯선 사람 세 명이 나타났어요. 아브라함은 깜짝 놀라서 얼른 일어나 그들을 맞이하러 뛰어갔어요. 그리고 그 사람들을 집으로 초대했어요.

아브라함은 손님들을 대접하기 위해 아주 바쁘게 움직였어요. 빨리 빵을 굽고, 기름진 송아지 고기를 준비해서 손님들에게 맛있는 음식을 내어주었어요. 손님들이 맛있게 식사하는 동안, 아브라함은 손님들 곁에서 시중을 들으며 손님들을 아주 정성껏 대접했답니다.

아브라함이 내어준 음식은 특별한 것이었어요. 손님들에게는 부드럽고 맛있는 빵, 고소한 버터, 신선한 우유 그리고 맛있는 송아지 고기가 있었어요. 아브라함은 손님들을 위해 특별한 음식을 준비했던 거예요.

사막에서 사는 사람들은 손님을 아주 소중하게 생각해요. 왜냐하면, 사막에서는 이웃이 별로 없고, 혼자 사는 경우가 많아서 외롭기 때문이에요. 그래서 누군가가 찾아오면 무척 반가워하고, 손님을 잘 대접한답니다.

또한, 사막에서는 물을 구하기 어려워서, 지나가는 사람들이 물이 떨어지면 큰 위험에 처할 수 있어요. 그래서 사막에 사는 사람들은 손님을 보호하고 도와주는 것이 아주 중요해요. 아브라함도 그런 마음으로 손님들을 환영했답니다.

이 이야기를 통해 우리는 손님을 소중하게 대하는 것이 얼마나 중요한지 알 수 있어요. 손님이 왔을 때, 아브라함처럼 따뜻하게 맞아주고, 잘 대접하는 마음을 갖도록 해요!

37th Story: Abraham's Precious Guests

[Hebrews 13:2]

Do not neglect to show hospitality to strangers, for thereby some have entertained angels unawares

A long time ago, there was an old man named Abraham. One day, Abraham was resting near his home on a very hot day. Suddenly, three strangers appeared in front of him. Abraham was surprised and quickly got up to greet them. He ran over to the visitors and invited them into his home.

Abraham became very busy, getting ready to take care of his guests. He quickly baked some fresh bread, prepared a tender calf, and served a delicious meal to his visitors. While the guests ate, Abraham stayed nearby, making sure they had everything they needed. He took great care to make them feel welcome.

The food Abraham served was special. He gave his guests soft, tasty bread, creamy butter, fresh milk, and delicious calf meat. Abraham wanted to make sure his guests had the best food he could offer.

In the desert, where Abraham lived, people thought guests were very important. This is because, in the desert, neighbors are far away, and people often live alone, which can be very lonely. So, when someone visits, it's a big deal, and people are very happy to welcome them and take good care of them.

Also, in the desert, water is hard to find. If someone runs out of water while traveling, they can be in great danger. That's why people who live in the desert know it's important to protect and help their guests. Abraham welcomed his visitors with this same kind of heart.

From this story, we learn how important it is to treat guests with kindness. Just like Abraham, we should warmly welcome our guests and take good care of them when they visit!

38번째 이야기: 밤을 지키는 목자와 하나님

[시편 46:1]
하나님은 우리의 피난처시요 힘이시니
환난 중에 만날 큰 도움이시라

목자는 양을 지키기 위해 밤에도 잠을 자지 못해요. 목자가 잠들어 버리면, 나쁜 늑대나 하이에나가 몰래 들어와서 양들을 데려갈 수도 있어요. 그래서 목자는 잠을 자더라도 한쪽 눈은 꼭 뜨고 자야 해요. 이렇게 해야 양들을 안전하게 지킬 수 있답니다.

옛날에 야곱이라는 목자도 그런 고생을 했어요. 베들레헴에 살던 목자들도 밤에 잠을 자지 않고 양들을 지키고 있었어요. 그래서 천사들이 예수님이 태어났다는 소식을 가장 먼저 그 목자들에게 전해 줬어요!

지금도 밖에서 양과 함께 지내는 목자들은 밤에 잘 자지 못해요. 목자가 양을 지켜보고 있는 동안, 늑대도 양을 지켜보고 있기 때문이에요.

성경에 나오는 하나님도 우리를 이렇게 지켜보시는 분이에요. 하나님은 목자가 양을 지키듯이 우리를 밤낮으로 지켜 주신답니다.

제2차 세계 대전 때의 이야기예요. 영국의 작은 마을에 사이렌 소리가 크게 울렸어요. 공습경보가 울린 거예요. 아들이 무서워서 잠을 못 자고 있었어요. 그러자 아버지가 말했어요.

"아빠가 안 자고 있을 테니 너는 안심하고 자렴. 아빠가 옆에서 지켜 줄게."

아들은 안심하고 방에 들어갔지만, 잠시 후 다시 거실로 나왔어요.

"아빠, 아빠도 들어가서 같이 자요. 하나님과 아빠 둘 다 깨어 있을 필요는 없잖아요?"

양들이 평안히 잠들 수 있는 것은 목자가 깨어 있기 때문이에요. 우리도 하나님이 지켜 주셔서 안심하고 잘 수 있답니다.

38th Story: The Night Guard and God's Love

[Psalm 46:1]

**God is our refuge and strength,
a very present help in trouble**

    A shepherd stays awake at night to protect his sheep. If the shepherd falls asleep, bad wolves or hyenas might sneak in and take the sheep away. That's why, even when the shepherd does sleep, he keeps one eye open to make sure the sheep are safe.
    Long ago, a shepherd named Jacob had to work hard to protect his sheep in this way. The shepherds in Bethlehem also stayed awake at night to watch over their sheep. Because they were so faithful in protecting their sheep, the angels chose them to be the first to hear the wonderful news that Jesus was born!
    Even today, shepherds who stay with their sheep outside can't sleep soundly at night. While the shepherd is watching the sheep, the wolves are also watching, waiting for a chance to attack. In the Bible, God is like a shepherd who watches over us. Just as a shepherd protects his sheep day and night, God watches over us all the time.
    There's a story from World War II. In a small village in England, a loud siren suddenly blared. It was an air raid alarm. A little boy was too scared to sleep. His father comforted him, saying, "Don't worry, son. I'll stay awake and watch over you. You can go to sleep safely."
    The boy went to his room but soon came back to the living room. He said, "Dad, why don't you come to bed too? God is already watching over us, so you don't both need to stay awake!"
    The sheep can sleep peacefully because their shepherd is awake, watching over them. We can also sleep peacefully because God is always watching over us, keeping us safe.

39번째 이야기: 우리의 용감한 보호자, 예수님

[요한복음 10:15]
아버지께서 나를 아시고 내가 아버지를 아는 것 같으니
나는 양을 위하여 목숨을 버리노라

옛날에 한 마을에 양을 돌보는 목자가 살고 있었어요. 이 목자는 양들을 아주 많이 사랑했어요. 양들이 배고플 때는 풀밭으로 데려가고, 목마를 때는 시원한 물가로 데려갔어요. 어느 날, 목자가 양들을 돌보고 있는데, 숲속에서 사자가 나타났어요! 목자는 깜짝 놀랐어요.

여기서 잠깐!

만약 여러분이 목자라면 어떻게 할 것 같나요?

사자가 나타났을 때 도망칠까요?

아니면 용감하게 사자와 싸울까요?

사실, 사자처럼 위험한 짐승이 나타나면 도망가는 것이 당연해요. 왜냐하면, 목자가 양들을 지키려다가 다치거나 죽으면, 그 후에 누가 양들을 돌볼 수 있을까요? 그래서 목자가 도망가는 것이 나쁜 일이 아니랍니다.

하지만, 우리에게는 정말 특별한 목자가 있어요. 바로 예수님이세요! 예수님은 우리를 너무나 사랑하셔서, 우리를 지키기 위해 자신의 목숨까지도 내어주셨어요. 보통 목자는 사자가 나타나면 도망가지만, 예수님은 우리를 위해 사자와 싸우셨고, 우리를 지켜 주셨어요. 그래서 예수님은 '선한 목자'라고 불리는 거예요. 예수님만이 우리의 완벽한 목자세요.

이 이야기를 기억하면서, 예수님이 우리를 얼마나 사랑하시는지 생각해 보아요. 예수님은 우리를 위해 어떤 어려움도 두려워하지 않으시는 분이랍니다.

39th Story: Jesus is Our Brave Protector

[John 10:15]

Just as the Father knows me and I know the Father; and I lay down my life for the sheep

A long time ago, in a little village, there lived a shepherd who took care of his sheep. This shepherd loved his sheep very much. When the sheep were hungry, he led them to green pastures, and when they were thirsty, he took them to cool, refreshing water. One day, while the shepherd was watched over his sheep, a lion suddenly appeared from the forest! The shepherd was startled.

Now, let's pause for a moment! If you were the shepherd, what would you do? Would you run away when the lion appeared? Or would you bravely fight the lion? It's natural to want to run away when a dangerous animal like a lion shows up. After all, if the shepherd gets hurt or dies while trying to protect the sheep, who will take care of them afterward? So, running away isn't necessarily a bad thing for the shepherd to do.

But we have a very special shepherd, Jesus! Jesus loves us so much that He was willing to give His life to protect us. While most shepherds would run away if a lion appeared, Jesus fought for us and kept us safe. That's why Jesus is called the "Good Shepherd." He is the only shepherd who is perfect and who loves us completely.

As we remember this story, let's not forget how much Jesus loves us. He is the one who isn't afraid of any challenge to keep us safe.

40번째 이야기: 하나님이 차려 준 특별한 잔치

[시편 23:5]
주께서 내 원수의 목전에서 내게 상을 차려 주시고
기름을 내 머리에 부으셨으니 내 잔이 넘치나이다

옛날에 푸른 초원에서 양들이 행복하게 풀을 뜯어 먹는 날이 있었어요. 양들에게는 이날이 정말 큰 잔치처럼 느껴졌답니다. 하지만, 그 잔칫날에 무서운 손님들이 찾아왔어요. 바로 늑대와 하이에나였어요. 위험한 짐승들은 양들이 잔치하는 모습을 보고 싶어 했지만, 목자가 양들을 지키고 있어서 그저 멀리서 바라보기만 했어요. 목자가 지키고 있으니, 양들은 걱정 없이 맛있는 풀을 뜯어 먹을 수 있었답니다.

다윗은 이 모습을 떠올리며, 양들이 위험한 짐승들 앞에서 마음 편히 풀을 먹는 모습을 자신이 맛있는 음식을 먹는 것으로 생각했어요. 옛날에는 특별한 사람들이 아니면 테이블에서 음식을 먹지 않았어요. 주로 바닥에 앉아 음식을 먹었어요. 그런데 다윗은 하나님이 마치 왕처럼 특별한 사람들만 앉는 테이블에 우리를 앉혀 주신다고 생각했어요.

그래서 다윗은 하나님이 우리를 정말 소중하고 특별하게 여겨 주시고, 우리를 괴롭히던 사람들 앞에서도 우리를 자랑스럽게 여기신다고 고백했답니다. 하나님께서 우리를 VIP처럼 대접해 주신다는 거예요. 하나님이 마련해 주신 테이블에서 맛있는 음식을 먹으며, 우리가 얼마나 특별한지 느낄 수 있었답니다.

40th Story: A Special Feast

[Psalm 23:5]

You prepare a table before me in the presence of my enemies; you anoint my head with oil; my cup overflows

Once upon a time, there was a day when the sheep were happily eating grass in a green meadow. To the sheep, it felt like a big party! But on this party day, some scary guests showed up. It was the wolves and hyenas! These dangerous animals wanted to see what the sheep were doing, but they could only watch from far away because the shepherd was there, protecting the sheep. With the shepherd keeping them safe, the sheep could enjoy their tasty grass without any worries.

David thought about this and imagined the sheep eating peacefully, even with dangerous animals nearby. He compared it to sitting at a table and eating a delicious meal. In the old days, only very special people got to sit at a table to eat; most people ate while sitting on the floor. But David believed that God makes us feel like we are very important, letting us sit at a special table.

So, David said that God sees us as precious and special. He takes care of us and makes us feel proud, even in front of those who might have been unkind to us. It's like God treats us like VIPs! When we sit at the table God has prepared for us and enjoy the delicious food, we can feel how special we are to Him.

제9부

기름을 내 머리에 부으셨으니

CHAPTER 9

POURING THE OIL

41번째 이야기: 상처를 보살피는 따뜻한 목자

[시편 147:3]
**상심한 자들을 고치시며
그들의 상처를 싸매시는도다**

    양이 깊고 어두운 골짜기를 지나 새롭게 푸른 풀밭에 도착했어요. 양은 골짜기를 지나는 동안 아주 피곤했어요. 아마도 여기저기 상처가 났을 거예요. 하지만, 양들은 털이 많아서 상처가 있는지 보기가 힘들어요. 그래서 목자는 하나하나 털을 살펴보아야 해요.

    사람들도 비슷해요. 겉으로는 아무 문제가 없어 보일 수 있지만, 사실 마음속으로는 상처가 있을 수 있어요. 그러나 사람들은 종종 아프다고 말하지 않아요. 그래서 목자는 양처럼 사람들도 잘 살펴보고 돌봐야 해요.

    어느 날, 한 의사가 길을 가던 중 꼬리에 상처를 입은 고양이를 보고 집으로 데려왔어요. 이 고양이는 길에서 방황하며 꼬리를 다쳤을 거예요. 의사는 이 고양이를 정성껏 돌보았지만, 고양이는 의사를 잘 따르지 않았어요. 고양이는 주인이 아무리 잘해줘도 겁이 나서 숨거나 도망갔어요. 그런데도 의사는 고양이를 끝까지 사랑해 주었어요.

    고양이는 과거의 아픈 기억 때문에 새로운 주인을 믿지 못했던 거예요. 사람들도 마찬가지로, 옛날에 받은 상처 때문에 다른 사람을 의심하거나 상처를 줄 때가 있어요.

    목자는 양이 다치면 그 양을 특별히 돌봐 주었어요. 심지어 자기 방에 데려가서 함께 재우기도 했답니다. 이처럼 목자는 양을 아주 많이 사랑하고 소중하게 여겼어요. 우리도 서로를 이렇게 따뜻하게 돌보고, 이해해 주는 마음을 가져야 해요.

41st Story: The Warm Shepherd

[Psalm 147:3]

**He heals the brokenhearted
and binds up their wounds**

The sheep had just made it through a deep, dark valley and arrived at a new, green pasture. The journey through the valley was hard, and the sheep were very tired. They might have even gotten a few scratches along the way. But because sheep have thick wool, it's hard to see if they're hurt. That's why the shepherd carefully checks each sheep to make sure they're okay.

People are a lot like sheep. On the outside, they might look fine, but inside, they could be hurting. But people often don't say when they're in pain. So, just like the shepherd cares for the sheep, we need to care for each other and pay attention to anyone who might be hurting.

One day, a doctor was walking down the street when he saw a cat with a hurt tail. The doctor brought the cat home. The cat had probably been wandering the streets and hurt its tail. The doctor took good care of the cat, but the cat didn't trust him. No matter how kind the doctor was, the cat was scared and would hide or run away. But the doctor kept loving the cat anyway.

The cat couldn't trust its new owner because of the painful things that happened to it before. People can be the same way. Sometimes, because of old hurts, they find it hard to trust others or might even hurt others themselves.

When a sheep was hurt, the shepherd would give it extra care. Sometimes, he would even bring the sheep into his room and let it sleep there with him. The shepherd loved his sheep very much. In the same way, we should care for each other with kindness and understanding, just like the shepherd cares for his sheep.

42번째 이야기: 양들의 싸움과 목자의 지혜

[로마서 14:19]
그러므로 우리가 화평의 일과
서로 덕을 세우는 일을 힘쓰나니

양들의 세계에서도 서열이 있어요. 양이 순해 보여도, 서로 서열을 정하기 위해 싸우기도 한답니다. 가을이 되면 양들은 짝을 찾기 위해 더 예민해지는데, 숫양들은 암컷을 차지하려고 서로 뿔로 들이받으며 싸워요. 이 싸움은 아주 시끄러워서 멀리서도 들릴 정도예요.

그런데 양들이 서로 너무 심하게 싸우다 보면 뿔이 엉켜서 풀리지 않을 때도 있어요. 그럴 때는 서로 지쳐서도 풀리지 않으니 힘들겠죠? 심지어 너무 세게 싸우다가 다치는 일도 있다고 해요.

목자는 이런 양들을 보호하기 위해 머리와 코에 올리브기름을 발라줘요. 그러면 양들이 부딪혀도 기름 때문에 미끄러져서 싸움을 오래 못 하게 돼요. 결국, 양들은 조금 싸우다 말고 서로를 멀뚱멀뚱 바라보며 싸움을 끝내요. 이렇게 기름을 바르는 것은 양들이 다치지 않고 화목하게 지내도록 돕기 위한 것이에요.

우리도 집에서나 교회에서도 서로 다투지 않고, 사랑으로 화목하게 지내는 것이 중요해요. 성령님이 우리에게 기름을 부어 주시면, 서로 싸우지 않고 사이좋게 지낼 수 있게 된답니다.

42nd Story: The Sheep's Fight

[Romans 14:19]
So then let us pursue what makes for peace and for mutual upbuilding

Even in the world of sheep, there is a way to figure out who's in charge. Although sheep look gentle, they sometimes fight to see who is the boss. In the fall, the sheep become more sensitive because they are looking for a mate. The male sheep, called rams, fight each other by bumping their heads together to win over the female sheep. These fights can get really loud and so loud that you can hear them from far away!

But sometimes, when the sheep fight too hard, their horns can get stuck together, and they can't pull them apart. When this happens, they get tired and can't get free. Sometimes, the sheep even get hurt from fighting too much.

To protect the sheep, the shepherd rubs olive oil on their heads and noses. The oil makes their heads slippery, so when they bump into each other, they slide off quickly and can't keep fighting for long. After a little bit of fighting, the sheep just stop and look at each other, and the fight ends. The oil helps the sheep stay safe and live peacefully together.

Just like the sheep, we need to live peacefully and not fight with each other, whether at home or church. When the Holy Spirit blesses us, He helps us to get along and love one another, just like the shepherd helps the sheep.

43번째 이야기: 성령의 기름과 우리 마음

[히브리서 12:15]
**너희는 하나님의 은혜에 이르지 못하는 자가 없도록 하고
또 쓴 뿌리가 나서 괴롭게 하여
많은 사람이 이로 말미암아 더럽게 되지 않게 하며**

 양들은 항상 모여 있어요. 여름처럼 더운 날에도 양들은 서로 가까이 붙어 있는 것을 볼 수 있는데요, 얼마나 더울까요? 그런데 신기하게도, 양들은 모여 있으면 오히려 더 시원하다고 해요.
 하지만 이렇게 모여 있는 게 좋지 않을 때도 있어요. 만약 한 마리가 아프면 다른 양들도 금방 병에 걸릴 수 있기 때문이에요. 전염병이 돌면 많은 양이 한꺼번에 아프게 될 수도 있어요. 그래서 양들에게 가장 큰 적은 다른 양들이라고 할 수 있어요.
 '옴'이라는 피부병이 있어요. 이 병에 걸린 양이 다른 양과 접촉하면, 그 양도 옴 병에 걸리게 돼요. 한 마리만 옴 병에 걸려도 금방 모든 양이 병에 걸릴 수 있어요. 그래서 목자는 병든 양에게 올리브기름을 발라줘요. 올리브기름은 병을 낫게 해 줄 뿐만 아니라, 다른 양들에게 병이 옮겨가는 것을 막아 준답니다.
 우리도 마찬가지예요. 사탄은 우리 마음에 나쁜 생각을 심어 주고, 상처가 되는 말을 하게 만들어요. 이런 상처가 되는 말은 마치 전염병처럼 퍼져 나가요. 전염병에 걸리지 않기 위해서는 우리 모두 성령으로 가득 차야 해요. 성령의 기름 부음을 받아서 우리 마음이 건강해지도록 해야 한답니다.

43rd Story: The Holy Spirit's Oil

[Hebrews 12:15]
See to it that no one fails to obtain the grace of God; that no 'root of bitterness' springs up and causes trouble, and by it many become defiled

Sheep like to stay close together. Even on hot days, like in the summer, they huddle close to each other. You might think that would make them even hotter, but amazingly, being close together helps keep them cooler.

But sometimes, staying close together isn't always good. If one sheep gets sick, the others can catch the sickness quickly. When a disease spreads, many sheep can get sick all at once. So, in a way, the biggest danger to a sheep can be other sheep.

There's a skin disease called "scabies" that sheep can catch. If a sheep with scabies touches another sheep, that sheep can catch the disease too. If even one sheep gets scabies, soon all the sheep could be sick. That's why the shepherd puts olive oil on the sick sheep. The olive oil helps heal the disease and also stops it from spreading to the other sheep.

We are similar to sheep as well. Sometimes, bad thoughts or hurtful words can spread from one person to another, like a disease. To stay healthy and avoid spreading hurtful words, we all need to be filled with the Holy Spirit. When we are filled with the Spirit, our hearts stay healthy, and we can share kindness instead of hurt.

44번째 이야기: 양들을 지킨 올리브기름

[시편 18:30]

하나님의 도는 완전하고
여호와의 말씀은 순수하니
그는 자기에게 피하는
모든 자의 방패시로다

양들은 뱀을 매우 무서워해요. 양들은 하이에나 늑대도 무서워 하지만, 사실 뱀을 더 무서워한답니다. 뱀은 조용히 숨어 있다가 갑자기 나타나서 양을 물 수 있어요. 그래서 목자는 뱀을 조심해야 해요.

목자는 새로운 풀밭으로 갈 때 먼저 그곳을 살펴봐요. 뱀굴이 있는지 확인하는 거예요. 만약 뱀굴을 발견하면 목자는 굴 입구에 올리브기름을 뿌려요. 그러면 뱀이 기름 때문에 굴에서 나오지 못한답니다. 그리고 뱀은 올리브기름 냄새를 싫어해요. 그래서 목자는 양들의 머리에도 올리브기름을 발라줘요. 그러면 뱀이 그 냄새를 맡고 양들에게 가까이 가지 않거든요. 이렇게 양들은 풀을 안전하게 뜯을 수 있답니다.

이 이야기는 우리에게도 중요한 교훈을 줘요. 기도를 많이 하는 사람은 하나님이 보호해 주셔서 나쁜 유혹이 가까이 오지 못해요. 마치 올리브기름이 뱀을 막아 주는 것처럼요. 그래서 우리도 늘 기도하고 하나님께 가까이 있어야 해요. 그러면 나쁜 유혹이 우리에게 가까이 오지 못한답니다.

44th Story: The Olive Oil of Protection

[Psalm 18:30]

**This God his way is perfect;
the word of the Lord proves true;
he is a shield for all those
who take refuge in him**

Sheep are very afraid of snakes. Even though they are scared of hyenas and wolves, they are even more frightened of snakes. Snakes can hide quietly and then suddenly appear and bite the sheep. That's why the shepherd has to be very careful about snakes.

When the shepherd takes the sheep to a new pasture, he checks the area first. He looks to see if there are any snake holes. If he finds a snake hole, the shepherd pours olive oil around the entrance. The oil keeps the snake from coming out of the hole. Snakes don't like the smell of olive oil, so the shepherd also puts some on the sheep's heads. This way, the smell keeps the snakes away from the sheep, and they can safely eat the grass.

This story teaches us an important lesson. Just like olive oil protects the sheep from snakes, prayer protects us from bad temptations. When we pray and stay close to God, He helps keep us safe from things that could harm us. So, we should always pray and stay close to God. That way, just like the snakes stay away from the sheep, bad temptations will stay away from us.

제10부

내 잔이 넘치나이다

CHAPTER 10

OVERFLOWING CUP

45번째 이야기: 하나님이 주신 넘치는 은혜

[시편 23:5]
**주께서 내 원수의 목전에서 내게 상을 차려 주시고
기름을 내 머리에 부으셨으니 내 잔이 넘치나이다**

몹시 더운 여름 어느 날, 요셉의 형들은 요셉을 들판 한가운데 있는 웅덩이에 던졌어요. 이 웅덩이는 사람이 마시는 물을 모아 두는 곳이 아니라, 양들이나 농사에 쓰는 물을 모아 두는 곳이었어요. 여름이 되면 목자들은 풀을 찾아서 양들과 함께 이리저리 돌아다녔답니다. 너무 더워서 목자들도 양들도 지쳐 보였어요.

그러다가 웅덩이를 만나면 양들은 물 냄새를 맡고 기뻐하며 소리를 냈어요. 목자는 두레박을 사용해서 물을 길어 올리고, 웅덩이 옆에 있는 물통에 물을 부어 줬어요. 이 물통은 우리가 흔히 생각하는 컵이 아니에요. 나무나 바위를 파서 만든 큰 통이에요. 양들이 모두 물을 마시려면 목자는 두 시간 이상 계속 물을 퍼 올려야 했어요. 목자는 힘들었지만, 양들이 맛있게 물을 마시는 모습을 보며 기뻐했답니다.

성경에서 말하는 "내 잔이 넘치나이다"라는 말은 바로 이 물통에 물이 넘치는 모습을 말해요. 양들은 목자가 준 물을 마음껏 마시고, "내 잔이 넘치나이다"라고 고백했답니다. 양들은 목자가 잘 돌봐줘서 행복했어요.

라헬도 양을 치던 목자였어요. 온종일 양들과 함께 있다가 저녁이 되면 우물에 들러 양들에게 물을 먹였어요. 야곱이 라헬을 만나 우물의 돌을 옮기고 양들에게 물을 먹여 줬답니다. 이처럼 목자는 양들을 위해 항상 물을 길어 올리고, 양들은 그 물을 마음껏 마셨어요.

우물은 고대 유목민들에게 아주 중요한 재산이었어요. 우물이 많아야 양들도 많이 기를 수 있었어요. 그래서 우물을 많이 가진 이삭은 많은 양을 치며 "내 잔이 넘치나이다"라고 노래할 수 있었답니다.

시편 23편에서는 하나님께서 우리가 필요한 것을 주실 때 "내게 부족함이 없으리로다"라고 고백하지만, 때로는 하나님이 우리에게 차고 넘치게 은혜를 주실 때 "내 잔이 넘치나이다"라고 고백한다고 해요.

예수님도 사람들에게 넘치는 축복을 주셨어요. 물고기 두 마리와 보리떡 다섯 개 오병이어의 기적으로 많은 사람이 배부르게 먹고도 남았었고, 베드로가 물고기를 가득 잡아 그물이 찢어질 정도였어요.

우리도 하나님께서 주신 은혜와 사랑을 깨달을 때, "내 잔이 넘치나이다"라고 고백할 수 있어요. 우리가 받은 모든 것이 하나님이 주신 선물임을 깨달으면, 우리는 감사하는 마음으로 살아갈 수 있답니다. 그렇게 되면 우리의 잔이 얼마나 채워져 있든지, 항상 "내 잔이 넘치나이다"라고 말할 수 있을 거예요.

45th Story: The Overflowing Grace

[Psalm 23:5]

You prepare a table before me in the presence of my enemies; you anoint my head with oil; my cup overflows

On a hot summer day, Joseph's brothers threw him into a deep pit in the middle of a field. This pit was not meant for drinking water but was used to store water for sheep and farming.

During the summer, shepherds walked with their sheep, searching for green grass. The sun was so hot that both the shepherds and the sheep became very tired. When the sheep smelled water, they became excited and made joyful sounds. The shepherd would draw water from the pit using a bucket and pour it into a large bowl carved from wood or stone. Since all the sheep needed to drink, the shepherd tirelessly repeated this process. Even though it was hard work, he found joy in making sure his flock had plenty of water.

In the Bible, when it says, "My cup overflows," it refers to how the large bowl would be so full that water spilled over. The sheep were happy because their shepherd took such good care of them.

Throughout the Bible, many shepherds showed great care for their sheep. Rachel and Jacob were also shepherds who ensured their sheep had plenty of water. When Jacob met Rachel, he helped her by moving the stone from the well so she could give water to her sheep.

Wells were essential for shepherds in ancient times. The more wells a shepherd had, the more sheep they could provide for. That is why Isaac, who had many wells, could say, "My cup overflows."

"I lack nothing" is a reminder that God provides everything we need. Sometimes, He blesses us with even more than we need, allowing us to say, "My cup overflows."

Jesus also gave blessings in abundance. When He fed thousands with just five loaves of bread and two fish, everyone ate until they were full, and there were still leftovers. Another time, Peter caught so many fish that his nets began to break.

When we recognize how much love and blessing God has given us, we can say, "My cup overflows." It reminds us to live with gratitude, knowing that everything we have is a gift from God.

제11부

선하심과 인자하심이 반드시 나를 따르니

CHAPTER 11

GOODNESS AND LOVE

46번째 이야기: 우리 곁에 항상 계신 하나님

[시편 23:6]

**내 평생에 선하심과 인자하심이
반드시 나를 따르리니
내가 여호와의 집에
영원히 살리로다**

어느 날, 다윗이 하나님에 대해 아주 특별한 말을 했어요. "내 평생에 선하심과 인자하심이 반드시 나를 따르리니."라는 말이었죠. 이 말에서 '반드시'라는 단어가 아주 중요해요. 다윗은 이 말을 통해 하나님께서 항상 자신과 함께하실 것이라고 확신했어요.

양들도 목자를 믿고 따르며, 내일 먹을 풀이 충분할지 걱정하지 않아요. 양들은 목자가 자신들을 돌봐줄 것이라는 확신이 있어서 오늘도 내일도 평안하게 있을 수 있어요.

이 이야기처럼, 우리도 하나님을 믿고 신뢰할 때, 마음이 평안해지고, 걱정하지 않게 되는 거예요. 하나님께서는 언제나 우리의 곁에 계시고, 우리의 필요를 채워 주신다는 것을 기억하세요. 그러면 우리도 하나님을 믿고 걱정을 내려놓고, 평안하게 지낼 수 있답니다.

46th Story: God Is Always With Us

[Psalm 23:6]

**Surely goodness and
mercy shall follow me
all the days
of my life**

One day, David said something very special about God. He said, "Surely goodness and mercy shall follow me all the days of my life." David used the word "surely" because he was very confident that God would always be with him.

Just as sheep trust their shepherd to take care of them and don't worry about finding food for tomorrow, David trusts God to always be with him. This made David feel calm and happy.

When we trust God like David did, we can also feel calm and not worry. God is always with us and takes care of everything we need. So remember, just like David, we can trust God and feel safe and peaceful every day.

47번째 이야기: 양들과 함께하는 사계절

[시편 121:3~8]

여호와께서 너를 실족하지 아니하게 하시며 너를 지키시는 이가 졸지 아니하시리로다 이스라엘을 지키시는 이는 졸지도 아니하시고 주무시지도 아니하시리로다 여호와는 너를 지키시는 이시라 여호와께서 네 오른쪽에서 네 그늘이 되시나니 낮의 해가 너를 상하게 하지 아니하며 밤의 달도 너를 해치지 아니하리로다 여호와께서 너를 지켜 모든 환난을 면하게 하시며 또 네 영혼을 지키시리로다 여호와께서 너의 출입을 지금부터 영원까지 지키시리로다

아침이 되면 목자는 양들을 푸른 풀밭으로 데리고 가요. 양들은 맛있는 풀을 먹고 나서 풀밭이나 나무 그늘에 누워서 쉬어요. 점심이 되면 목자는 양들을 새로운 풀밭으로 데리고 가요. 풀밭은 멀리 있는 산에 있을 때가 많아서, 목자는 양들이 안전한 길로 내려가도록 조심해서 이끌어 줘요. 이때 양들은 어두운 골짜기를 지나가야 하지만, 목자가 함께 있으니까 무서워하지 않아요. 오후쯤 되면 양들은 다시 풀을 먹어요. 그리고 목자는 위험한 짐승들이 양을 잡아가지 못하도록 지켜 줘요.

저녁이 되면 목자는 양들을 데리고 집으로 돌아와요. 목자는 양들을 하나하나 점검하고, 상처가 난 양이 있으면 약을 발라 줘요. 이제 양들은 우리 안에서 편안하게 쉬어요.

양들의 하루를 일 년으로 본다면, 양들은 사계절 중에 봄을 제일 좋아해요. 날씨도 좋고, 풀도 많아서 멀리 갈 필요가 없어요. 여름이 되면 풀과 물을 찾기 힘들어져요. 그래서 목자는 양들과 함께 멀리 여행을 떠나요. 때로는 어두운 골짜기를 지나가기도 하고, 위험한 짐승들을 만나기도 하지만, 목자가 있어서 안전해요. 가을이 되면 집으로 돌아와서, 목자는 양들이 건강한지 살펴보고 약을 발라줘요. 겨울이 오면 양들은 집 안에서 편히 쉬어요. 이때는 더 위험한 길로 다니지 않아도 되고, 위험한 짐승도 걱정할 필요가 없답니다.

우리도 양들과 비슷하게, 인생에 봄, 여름, 가을, 겨울이 있어요. 어린 시절과 젊을 때는 마치 봄처럼 모든 것이 새롭고 신나요. 어른이 되면 여름처럼 바쁘고 힘든 일이 많아져요. 하지만, 언제나 우리를 지켜 주시는 하나님이 함께 계셔서 우리는 안전해요. 나이가 들면 가을처럼 하나님이 우리를 회복시켜 주시고, 마지막 겨울이 오면 우리는 천국에서 하나님과 함께 영원히 살게 된답니다.

47th Story: The Four Seasons with the Sheep

[Psalm 121:3~8]

He will not let your foot be moved; he who keeps you will not slumber. Behold, he who keeps Israel will neither slumber nor sleep. The Lord is your keeper; the Lord is your shade on your right hand. The sun shall not strike you by day, nor the moon by night. The Lord will keep you from all evil; he will keep your life. The Lord will keep your going out and your coming in from this time forth and forevermore

In the morning, the shepherd takes the sheep to a green meadow. The sheep eat the tasty grass and then rest in the shade under the trees or on the soft grass.

By lunchtime, the shepherd leads them to a new meadow. Often, this meadow is far away in the mountains, so the shepherd carefully guides the sheep down safe paths. Even though they pass through dark valleys, the sheep are not afraid because the shepherd is with them. In the afternoon, the sheep eat more grass, and the shepherd makes sure that no dangerous animals can harm them.

When evening comes, the shepherd brings the sheep back home. He checks each sheep and puts medicine on any that are hurt. Then the sheep can rest comfortably in the pen.

If we think of a sheep's year like the four seasons, they like spring the best. The weather is nice, and there is plenty of grass, so they don't need to go far. In the summer, finding grass and water becomes harder, so the shepherd takes them on long journeys. Sometimes they go through dark valleys or meet dangerous animals, but the shepherd keeps them safe. In the fall, the shepherd checks to make sure the sheep are healthy and gives them medicine if needed. When winter comes, the sheep rest comfortably inside and don't have to worry about dangerous paths or animals.

Just like the sheep, we have different seasons in our lives. When we are young, it feels like spring, full of new and exciting things. Life can become busy and challenging as we grow up, like summer. But God is always with us, just like the shepherd is with the sheep, keeping us safe. When we get older, God helps us like the shepherd helps the sheep in the fall, taking care of us and making sure we are well. In the end, when we reach the final season, like winter, we will live forever with God in Heaven.

제12부

내가 여호와의 집에 영원히 살리로다

CHAPTER 12

DWELLING IN THE HOUSE OF THE LORD

48번째 이야기: 하나님의 약속과 장막

[히브리서 11:8]
**믿음으로 아브라함은 부르심을 받았을 때에 순종하여
장래의 유업으로 받을 땅에 나아갈새
갈 바를 알지 못하고 나아갔으며**

아브라함은 가나안 땅에 도착할 때 이미 아주 부자였어요. 그런데 아브라함은 큰 집을 짓고 살지 않고, 장막이라는 천막 같은 집에서 살았어요. 왜 그랬을까요?

아브라함은 유목민이었어요. 유목민은 양과 염소 같은 동물을 키우면서 여기저기 이동하며 살아가는 사람들이에요. 그래서 한곳에 오래 머물지 않고 자주 이동했어요. 장막은 접었다가 펼 수 있어서 이동할 때 간편했어요. 아브라함이 머무는 곳이 바뀔 때마다 장막을 접어서 짐을 싸고, 새로 도착한 곳에 장막을 다시 펼쳐서 집을 만들었어요. 그래서 어디든 쉽게 정착할 수 있었던 거예요.

장막은 염소 털로 만들어서 여름에는 시원하고, 겨울에는 따뜻하게 해 주는 아주 특별한 집이에요. 낮에는 덥고, 밤에는 추운 광야에서도 장막에서 지내면 편안하게 잘 수 있었어요.

아브라함과 그의 가족은 장막 안에서 살면서 하나님이 주신 약속을 믿고 기다렸어요. 그래서 장막은 그들에게 단순한 집이 아니라, 하나님과 함께하는 믿음의 상징이었답니다. 성경에서는 우리가 이 세상에서는 잠시 머무는 장막에서 살지만, 하나님 나라에서는 영원한 집에서 살게 될 것이라고 가르쳐 줘요. 그래서 아브라함은 장막에서 살면서도 더 나은 집을 바라보며 믿음으로 살았답니다.

48th Story: God's Promise and the Tent

[Hebrews 11:8]

By faith Abraham obeyed when he was called to go out to a place that he was to receive as an inheritance. And he went out, not knowing where he was going

When Abraham arrived in the land of Canaan, he was already very rich. But even though he had plenty of money, Abraham didn't build a big house. Instead, he lived in a special kind of home called a tent.

Why did Abraham choose to live in a tent?

Abraham was a shepherd. Shepherds take care of sheep and goats and move from place to place to find fresh grass for their animals. So, Abraham didn't stay in one place for a long time. A tent was perfect for him because it was easy to fold up and carry with him when he moved. Every time Abraham and his family moved to a new place, they would pack up the tent and set it up again in their new home.

The tent was made from goat hair and was very special. It kept them cool in the summer and warm in the winter. Even on the hot days and cold nights of the desert, they could sleep comfortably in their tent.

Abraham and his family lived in the tent and trusted God's promises. For them, the tent was not just a place to live; it was a sign of their faith in God. The Bible tells us that even though we live in a temporary home here on Earth, we will have an eternal home with God in Heaven.

So, even though Abraham lived in a tent, he looked forward to a better home and lived by faith.

49번째 이야기 : 우리의 따뜻한 집

[빌립보서 3:20]
그러나 우리의 시민권은 하늘에 있는지라
거기로부터 구원하는 자
곧 주 예수 그리스도를 기다리노니

양들은 온종일 이 산 저 산을 옮겨 다니며 풀을 먹어요. 그리고 저녁이 되면 집으로 돌아와요. 집에서는 따뜻하고 아늑한 우리 안에서 밤을 보내요.

여름이 되면 양들은 서너 달 동안 집을 떠나 산이나 들판에서 지내요. 밤이 되면 야영하거나 동굴에서 잠을 자요. 때로는 아무 시설도 없는 곳에서 이슬을 맞으며 밤을 보내야 해요. 여름 내내 그렇게 지내야 하니 양들도 매우 피곤하고 집이 그리울 거예요. 하지만 가을이 되면 다시 집으로 돌아가요. 그리고 겨울에는 따뜻하고 아늑한 우리 안에서 지낸답니다.

우리도 세상에서 양들처럼 여러 곳을 돌아다니며 살다가 인생의 끝이 오면 따뜻한 집으로 돌아가게 될 거예요. 그 집은 바로 하나님이 준비해 주신 천국, 하늘나라예요. 양들이 집으로 돌아가는 것처럼, 우리도 하나님이 계신 곳으로 돌아가 영원히 그곳에서 살게 될 거랍니다.

세상은 우리가 잠시 머무는 곳이고 천국 하늘나라가 우리의 진짜 집이에요. 그래서 시편 23편에서는 이렇게 말해요.

"내가 여호와의 집에 영원히 살리로다"(시 23:6).

49th Story: Our Warm Home

[Philippians 3:20]

**But our citizenship is in heaven,
and from it we await a Savior,
the Lord Jesus Christ**

Sheep spend their days moving from one hill to another, looking for fresh grass to eat. When evening comes, they return home to sleep in their cozy and warm pen.

During the summer, the sheep leave their home and live in the mountains or fields for a few months. At night, they might camp out or sleep in caves. Sometimes, they even have to spend the night in places with no shelter at all, just under the stars. This can be very tiring, and the sheep might miss their warm, safe home.

But when autumn arrives, the sheep go back home. In the winter, they get to enjoy their cozy pen again, staying warm and comfortable.

Just like the sheep, we move around in life and visit many different places. But at the end of our journey, we will return to our true, warm home, which is Heaven that God has prepared for us. Just as the sheep go back to their home, we will go to be with God in Heaven forever.

The world is like a temporary place we stay, but Heaven is our real, forever home. That's why the Bible says, "I will dwell in the house of the Lord forever."

50번째 이야기: 하나님이 준비하신 우리의 집

[시편 23:6]
**내 평생에 선하심과 인자하심이 반드시 나를 따르리니
내가 여호와의 집에 영원히 살리로다**

목자는 온종일 풀을 뜯고 놀던 양들을 모두 우리로 데리고 갔어요. 여름 동안 들판에서 지내던 양들은 가을이 되면 목자의 집으로 돌아가 겨울 동안 따뜻하게 지낼 거예요.

우리도 마찬가지예요. 우리가 하루를 마치면 집으로 돌아가서 편히 쉴 수 있죠. 그리고 먼 훗날, 우리가 할 일을 다 마치고 나면, 하나님은 우리를 따뜻한 집으로 데려가 주실 거예요. 그곳에서 우리는 영원히 행복하게 살 수 있어요.

어느 날 오후, 철수와 영철이는 저녁이 될 때까지 땅따먹기 놀이를 했어요. 영철이는 많은 땅을 따서 기뻤지만, 철수는 조금밖에 따지 못해 속상했어요. 그때 철수 엄마가 부르셨어요.

"철수야, 이제 집에 와서 밥 먹어야지!"

철수는 엄마가 부르시자 따던 땅을 모두 놔두고 집으로 달려갔어요. 그런데 영철이는 혼자 남았어요. 영철이를 부를 사람이 없었어요. 영철이에게는 집이 없었거든요.

이 세상에서도 우리는 땅따먹기 놀이를 하듯 많은 것을 가지려고 해요. 하지만, 나중에 주님이 우리를 부르시면, 우리는 모든 것을 다 두고 집으로 가야 해요. 주님이 우리를 부르실 때, 우리는 기쁘게 주님의 집으로 달려갈 거예요. 그곳에서 우리는 영원히 살 거예요.

그렇지만 주님이 부르실 때 갈 집이 없는 사람도 있을 수 있어요. 그건 아주 슬픈 일이에요. 마치 돌아갈 집이 없는 아이처럼요. 돌아갈 집이 있다는 것은 정말 큰 축복이에요. 탕자가 다시 집으로 돌아갈 수 있었던 것도 그에게 집이 있었기 때문이에요. 집이 없었다면 그는 계속 돼지우리에서 살아야 했을 거예요.

우리도 집이 있다는 것이 얼마나 감사한 일인지 생각해 보아요.

50th Story: The Home God Prepares

[Psalm 23:6]

Surely goodness and mercy shall follow me all the days of my life and I shall dwell in the house of the Lord forever

The shepherd brought all the sheep, who had been eating grass and playing all day, back to the pen. After spending the summer in the fields, the sheep will return to the shepherd's home for the winter, where they will stay warm and cozy.

We are like the sheep in many ways. At the end of each day, we come back home to rest and be comfortable. And one day, when we have done everything God wants us to do, He will take us to a warm and loving home in Heaven. There, we will live happily forever.

One afternoon, Sam and Mike were playing a game where they tried to mark off pieces of land. Mike was happy because he got a lot of land, but Sam was sad because he got only a little. Just then, Sam's mom called out, "Sam, it's time to come home and eat dinner!" Sam left the game and ran home. Mike was left alone because he didn't have anyone to call him home. Mike didn't have a home to go to.

In life, we often try to collect many things, just like in the game. But when the Lord calls us, we need to leave everything behind and go to our real home. When the Lord calls us, we will run joyfully to His home. There, we will live forever.

Some people might not have a home to go to when the Lord calls them. This is very sad, like a child who has no home to return to. Having a home is a great blessing. Just like the prodigal son who was able to go back to his home, having a home means we are very blessed. Without a home, we would have nowhere to go. Let's be thankful for the home we have and remember how blessed we are.

51번째 이야기: 문이 된 목자와 사랑의 예수님

[요한복음 10:9]
**내가 문이니 누구든지 나로 말미암아 들어가면 구원을 받고
또는 들어가며 나오며 꼴을 얻으리라**

　옛날에 양을 돌보는 목자가 있었어요. 목자는 매일 양들과 함께 들판에서 지냈답니다. 낮에는 따뜻한 햇볕 아래에서 양들이 풀을 뜯으며 놀았고, 밤이 되면 목자는 양들이 안전하게 잘 수 있도록 우리를 만들어 주었어요.

　어느 날 밤, 목자는 들판에서 잠을 자야 했어요. 그날따라 주위에 큰 동굴이 없어서 목자는 주변에 있는 나뭇가지와 돌들을 모아 임시로 우리를 만들었어요. 그리고 우리 위에 가시가 많은 나뭇가지를 올려놓았어요. 이렇게 하면 양들은 밖으로 나가지 못하고, 늑대 같은 위험한 짐승들도 들어오지 못한답니다.

　하지만, 우리에는 작은 문이 하나 있었어요. 양들이 들어가고 나갈 수 있는 곳이었죠. 그 문에는 따로 문짝이 없어서 위험한 짐승들이 들어올 수 있었어요. 그래서 목자는 그 문 앞에서 잠을 자며 양들을 지켰어요. 목자가 바로 '문'이 되었던 거예요.

　이 이야기와 비슷한 일이 2천 년 전에도 있었어요. 그때 예수님이 이렇게 말씀하셨어요.

　"나는 양의 문이다."

　예수님도 우리에게 양들을 돌보는 목자처럼, 우리를 안전하게 지켜 주신다고 하신 거예요.

　이렇게 목자와 예수님은 모두 양들을 지키는 문이 되어 주셨어요. 그리고 우리를 지켜 주시는 따뜻한 사랑을 보여 주셨답니다.

51st Story: Jesus, the Door

[John 10:9]
I am the door. If anyone enters by me,
he will be saved and will go in and out and find pasture

A long time ago, there was a shepherd who took care of his sheep. Every day, he spent time with his sheep in the fields. During the day, the sheep played and ate grass in the warm sunshine, and at night, the shepherd made a pen to keep them safe while they slept.

One night, the shepherd had to sleep out in the field. There were no big caves around, so he gathered sticks and stones to make a temporary pen. He placed thorny branches on top to keep the sheep inside and to keep dangerous animals like wolves out.

But the pen had a small door where the sheep could go in and out. Since there wasn't a proper door to close, dangerous animals could still get in. So, the shepherd slept right in front of the door to keep the sheep safe. The shepherd became the 'door' himself.

A similar thing happened 2,000 years ago. Jesus said, "I am the door for the sheep." Just like the shepherd who kept his sheep safe, Jesus promises to keep us safe and take care of us.

Both the shepherd and Jesus are like a door that protects the sheep. They show us how much they love us by keeping us safe and warm.

52번째 이야기: 양들과 염소의 배려와 사랑

[마태복음 25:40]
**내가 진실로 너희에게 이르노니
너희가 여기 내 형제 중에
지극히 작은 자 하나에게 한 것이
곧 내게 한 것이니라 하시고**

넓은 풀밭에서 양들과 염소들이 함께 지내고 있어요. 양들은 푸른 풀을 먹고, 뛰어놀고, 쉬면서 즐겁게 지내요. 염소들도 함께 뛰어다니고, 풀을 먹으며 즐겁게 지내요.

이곳에서는 목자를 찾아볼 수 없어요. 양들과 염소들이 스스로 잘 지내고 있기 때문이에요.

그런데 어느 날, 주인이 와서 양들과 염소들을 나누어요. 양들은 털을 깎아줄 양, 시장에 팔아야 할 양, 조금 더 키워야 할 양으로 나누고, 각각 다른 우리로 데려가요. 주인이 어디로 데려가느냐에 따라 양들의 운명이 결정돼요.

염소들은 양들과 함께 지내면서 양들이 한곳에 모여 있지 않게 도와줘요. 염소들이 양들을 뿔로 살짝 밀면 양들이 움직이거든요. 그래서 염소들이 양들의 친구 같은 역할을 하는 거예요.

예수님은 마지막 날에 착한 사람들과 그렇지 않은 사람들을 나누는 이야기를 하셨어요. 여기서 양은 다른 사람들을 도와주고 배려하는 착한 사람들을 뜻하고, 염소는 자기만 생각하는 사람들을 뜻한답니다.

이 이야기를 통해 우리는 친구나 이웃을 도와주고 배려해야 한다는 것을 배울 수 있어요. 작은 도움이라도 그것이 얼마나 중요한지, 예수님이 우리에게 가르쳐 주신 거랍니다.

52nd Story: Caring for Each Other

[Matthew 25:40]

**The King will answer them, Truly,
I say to you, as you did it
to one of the least of these my brothers,
you did it to me**

In a big, green meadow, sheep and goats play and eat grass together. The sheep are happy as they munch on the green grass, run around, and rest. The goats also enjoy playing and eating with the sheep. Sometimes, the shepherd is not around, and the sheep and goats manage on their own.

One day, the owner comes and decides what to do with each sheep and goat. He separates the sheep into different groups: some will have their wool sheared, some will be sold at the market, and some will need to stay and grow a bit more. Each group goes to a different pen, and what happens to each sheep depends on where the owner takes them.

The goats help the sheep by gently nudging them with their horns to make sure they don't all gather in one place. So, the goats act like friends who help the sheep stay spread out.

Jesus told a story about how, at the end of time, good people and not-so-good people will be separated. In this story, the sheep represent the kind people who help and care for others, and the goats represent people who only think about themselves.

From this story, we learn that it's important to help and care for our friends and neighbors. Even small acts of kindness are very important, just like Jesus taught us.

만든 이들에 대해 ABOUT THE CREATORS

이진희 목사는 성경의 문화와 지리에 대해 관심을 갖고 30여 년 동안 성경의 땅을 밟고 다니며 성경을 연구하고 그것을 17권의 책으로 펴냈습니다. 한국 교회에 "광야" 열풍을 불러일으킨 3권의 광야 시리즈(『광야를 읽다』, 『광야를 살다』, 『가나안에 거하다』)의 저자인 이진희 목사는 광야 전문가로 불리기도 합니다. 『광야를 읽다』는 국민 추천 도서로 선정되어 대통령의 서재에 꽂히기도 했습니다. 30여 년 동안 미국에서 이민 교회 목회를 했으며, 현재는 Lenox (MA)에 있는 감리교회에서 미국인 회중을 섬기고 있습니다.

Rev. Jin Hee Lee is passionate about the Bible and loves exploring the lands where God's stories unfolded. For over 30 years, he has traveled through the lands of the Bible, studying how God guided His people and sharing those insights with others. He has written 17 books to help readers discover God's heart through the wilderness journey. His *Wilderness Series,* including *Reading the Wilderness, Living in the Wilderness, and Dwelling in Canaan*, has inspired many believers to trust God more deeply. One of his books was selected as a national recommended book in Korea and placed in the presidential library. After serving Korean immigrant churches in the United States for many years, Rev. Lee now serves an American congregation at a church in Lenox, Massachusetts, sharing God's Word with love and passion.

유소희 작가는 어린이들이 성경 이야기를 통해 하나님을 알아가도록 돕는 어린이 책 작가이자 번역가입니다. 모든 어린이는 하나님께서 사랑하시는 소중한 존재임을 믿으며, 책을 통해 하나님의 사랑과 진리를 전하기를 소망합니다. 아이들과 함께 책을 읽고, 하나님의 은혜와 기쁨을 나누는 시간을 무엇보다 소중히 여깁니다. 또한, 유소희는 국제 기독교문서선교회(CLC International Office) 아시아 지역 총괄대표와 한국 기독교문서선교회(CLC Korea) 국제 기획팀 이사로서, 하나님의 말씀을 세계 여러 나라에 전하는 일에 헌신하고 있습니다.

Sohee Yoo is a children's book author and translator with a heart for sharing God's love with young readers. She believes every child is a precious gift from God and desires to help them know Him through Bible stories. She enjoys spending time with children, reading books together, and discovering the joy of God's grace. Alongside her writing, she serves as the Regional Director of Asia in the CLC (Christian Literature Center) International Office and as the Executive Director in the Planning & Foreign Rights Team at CLC Korea, dedicating her life to spreading God's Word through Christian literature.